U0694613

# 食品药品监督管理行政执法文书写作指南

黄有霖　主审
余万里　主编

中国医药科技出版社

## 内容提要

本书分四章，第一章绪论较全面介绍了食品药品监督管理行政执法文书的性质、特点、结构及语言运用，执法文书的案由、事由、事实、证据、理由、法律依据、作出决定等内容，第二至第四章从行政许可、行政处罚及行政救济（包括行政复议、行政诉讼）三方面对行政执法常用文书格式、写作要求、注意事项及范例做了较详细的介绍。全书力图理论与实践有机相结合，有较强的针对性和适用性。

本书的读者对象以食品药品监督管理行政执法人员为主，也可供食品药品管理人员参考和社会读者使用。

主　　审　黄有霖
主　　编　余万里
编写人员　余万里
　　　　　陈　深
　　　　　曲黎明

# 序

推进依法行政、建设法治政府是建设社会主义政治文明的重要任务。行政执法人员是行政管理活动的具体实施者。行政执法人员的法律知识水平和法律技能的高低，直接影响着依法行政的落实。没有良好法律素质的行政执法队伍，严格依法行政便无从谈起。食品药品监督管理部门是综合监督食品、保健品、化妆品安全管理和主管药品监督管理的部门，负责对药品（包括中药材、中药饮片、中成药、化学原料药及其制剂、抗生素、生化药品、生物制品、诊断药品、放射性药品、麻醉药品、毒性药品、精神药品、医疗器械、卫生材料、医药包装材料等）的研究、生产、流通、使用进行行政监督和技术监督；负责食品、保健品、化妆品安全管理的综合监督、组织协调和依法组织开展对重大事故查处；负责保健品的审批。在日常监督管理中，会产生大量的执法文书，为了规范执法文书的制作，提高执法文书的质量，国家食品药品监督管理局先后印发了《药品监督行政处罚程序规定》、《国家食品药品监督管理局听证规则》、《药品监督行政执法文书规范》等规章或规范性文件，有力地提高了基层执法人员执法文书的制作水平。食品药品监督管理执法行为种类多，范围广，目前一些执法文书还没有统一的格式，如行政许可文书等；一些执法文书格式和要求散落在不同的规章或规范性文件中；药品监督行政处罚格式文书中，还有需要修改的地方。为进一步提高食品药品监督管理行政执法人员的执法文书写作水平，我们特组织编写了《食品药品监督管理行政执法文书写作指南》一书。

本书参考了相关法律文书论著，较系统地介绍了行政执法文书写作的理论和行政处罚、行政许可、行政复议及行政诉讼文书范例，对食品药品监督管理行政执法人员制作执法文书有较强的指导和参考作用，可以作为食品药品监督管理系统“五·五”普法读本之一。相信本书的出版，会对食品药品监督管理行政执法人员以及社会各界了解、掌握行政执法文书的制作有所裨益。

李德仁

2007 年 3 月 10 日

# 编写说明

食品药品监督管理部门行政执法以药品监督管理为主，负责对药品（包括中药材、中药饮片、中成药、化学原料药及其制剂、抗生素、生化药品、生物制品、诊断药品、放射性药品、麻醉药品、毒性药品、精神药品、医疗器械、卫生材料、医药包装材料等）的研究、生产、流通、使用进行行政监督和技术监督；食品监督管理方面的职责是：负责食品、保健品、化妆品安全管理的综合监督、组织协调和依法组织开展对重大事故查处，负责保健品的审批。食品、保健品、化妆品的日常监督管理仍由质量技术监督、工商行政、农业、卫生等部门负责。由于食品药品监督管理部门行政执法活动以药品监督管理为主，因此，本书的执法文书写作也以药品监督管理行政执法为主。

本书由黄有霖主审，余万里主编，各章写作分工为：第一章、第三章余万里，第二章余万里、曲黎明，第四章陈深、余万里。

本书参考了相关法律文书论著，较系统地介绍了行政执法文书写作的理论和行政处罚、行政许可、行政复议及行政诉讼文书范例，努力做到科学性、系统性、实践性的统一，但由于作者水平有限，如有取舍和论述失当之处，敬请读者批评指正。

余万里

2007 年 3 月

# 目　　录

## 第一章　绪　　论

## 第二章　行政许可文书

## 第三章　行政处罚文书

## 第四章　行政救济文书

# 第一章　绪　论

## 第一节　执法文书与制作主体

### 一、执法文书的特征、分类与作用

食品药品监督管理行政执法文书（以下简称执法文书），是食品药品监督管理行政机关为处理行政违法行为、办理行政许可、行政复议、行政诉讼案件和其他行政事务而依法制作的具有法律效力或者法律意义的文书，包括食品药品监督管理行政机关制作的文书，以及行政相对人、代理人制作的文书，本书以食品药品监督管理行政执法人员为主要读者对象，因此着重介绍前者，后者仅在本章和第四章作简要介绍。

执法文书的适用范围，是指食品药品监督管理活动中食品药品监督管理行政机关处理行政违法行为、办理行政许可、行政复议、行政诉讼案件和其他行政事务，需要依法制作和适用执法文书，其目的是公正处理和解决食品药品监督管理各项行政事务。执法文书必须严格依照相关的程序法和实体法制作。这里所指的程序法既包含严格意义上的程序法，即行政诉讼法，也包括其他法律、法规、规章中所确定的程序，如《中华人民共和国行政许可法》、《中华人民共和国行政处罚法》、《中华人民共和国行政复议法》中的有关程序规定。实体法的内容则十分广泛，它包括所有的制作执法文书的实体法规范。不论是哪种文书一经制作生效后，都具有法律上的意义或者法律上的效力。从当事人制作的申请文书来看，一般都具有请求性，它表明当事人的制作意图，且符合法律规定。

## （一）执法文书的特征

1. 法律性　执法文书是食品药品监督管理行政执法人员为履行职责或实现权利义务而制作的，行政执法职权的取得和行使都必须符合法律规定，行政行为准则、权利义务内容必须有法律的规定。因此，执法文书必须严格依照相关的程序法和实体法制作。执法文书按其本质属性，既是一种适用法律的结果，也是一种法律事实，又是一种食品药品监督管理部门实施法律活动的静态表现形式。行政执法人员和当事人就特定的事项制作文书时，其依据是程序法和实体法的某些规定。执法过程的各种纷争反映到执法文书上时，应当根据一定的法律关系来确定纷争的性质，确定使用何种文书，并按照特定的事实和法律的规定处理纷争，或依法接受申请，或依法裁断，这些都体现了执法文书的法律性。因此，无论从规范的角度还是从实用的角度来看，执法文书都具有法律性。

2. 专业性　专业是根据社会的需求和学科之间的分工形成的。执法文书的专业性表现在它是在食品药品监督管理范围内使用的特定法律文书，是由食品药品监督管理的特殊性决定的，它对执法文书的格式和内容有具体的要求，有别于其他行业的法律文书。执法文书只能在食品药品监督管理范畴使用，而不能以其他学科的一般性理论来概括和归属。

3. 实用性　研究和学习执法文书制作的目的是为了应用，为了在食品药品监督管理行政执法活动中更好地制作执法文书，表达文书主体的主张和愿望。每一份执法文书都是有关特定权利义务主张的体现，是运用法律的有关规定处理和解决行政执法中的程序和实体问题的文件，执法文书的制作和表达的过程，充分体现了其实用性的一面。因此，执法文书是一种务实性的文书。

4. 综合性　执法文书是食品药品监督管理的一种应用性文书，执法文书除以法律为依据外，同时又兼具其他学科领域的某些特点。执法文书必须以程序法和实体法作为内核，同时也必须借助语言学、逻辑学等学科领域的一些原理和方法。没有法律的内容作为内核，从质的方面来看，则不是执法文书，但如果离开了语言文字表现的外在形式要素，法律的内容则无法表达或者无法正确表达。另外，法律规则对个案适用而形成结论的过程又离不开法律思维。由此可见，执法文书既具有法律的质的特点，同时又兼有语言学、文学、逻辑学等多学科的特点，制作执法文书时，应当充分注意这些特点。

5. 非规范性　这里说执法文书是非规范性文件，是相对于规范性文件而言的。执法文书只对特定的事件（案件）、特定的当事人具有效力，不具有普遍约束力。当执法文书发生法律效力时，有关当事人必须严格遵守，否则，食品药品监督管理行政机关有权强制执行。

综上所述，执法文书的五个特征，是其本质属性的必然反映，既相互联系，又缺一不可，应当全面掌握。

### （二）执法文书的分类

执法文书分类的目的，主要是为了便于理论研究，便于学习、适用和制作。因此，可从其性质、用途、制作主体、文种特征（体例）等进行分类。首先，从其性质上分成两大类：一类是严格意义上的执法职能文书，包括行政许可文书、行政处罚文书、行政监督检查文书、行政强制文书、行政确认文书、行政复议和行政诉讼文书等；另一类是与执法活动相关联的执法关联文书（广义的执法文书），即除第一类执法文书之外的符合条件的相关文书。由于这类执法关联文书是执法文书中的第二种类型，所以，本节中给予适当的讨论。其二，按文书的用途进行分类。可分为申请类文书、处罚类文书、决定类文书、证据类文书、一般公文类文书等。其三，按文书的制作体例进行分类，即按照文书制作难易的不同进行划分，执法文书可分为表格类、填写类、笔录类、决定类、报告类、法庭（听证庭）演词类文书。

按照第一、二种方法对执法文书进行分类，有利于从系统的角度对各机关和制作主体的文书进行把握，但有些相同性质的文书容易重复，如笔录文书，不同行政执法行为如行政许可、行政处罚、行政复议等都使用。而按第二、三种标准对文书进行分类，虽然考虑到文书的用途和文种的特点，对不同的文种可以从其特点和制作方法、规律上把握，但这种方法忽略了不同主体、不同性质的文书的系统性。

鉴于以上原因，为了便于学习、制作执法文书，本书分类的具体方法是：以按行政执法行为性质为主，兼顾用途和文种分类的方法，按照食品药品监督管理活动的几个主要环节的顺序编写，即按照行政许可——行政处罚——行政复议——行政诉讼顺序写作。

执法文书，包括食品药品监督管理行政机关制作的具有法律效力的执法文书和食品药品监督管理行政机关制作的具有法律意义的执法文书。食品药品监督管理行政机关制作的具有法律效力的执法文书，是指食品药品监督管理行政机关行使行政职权制作的对具体行政事务、具体当事人适用的生效后以国家强制力保证执行的非规范性法律文件。例如，药品批准文号、药品经营许可证等，都是具有法律效力的执法文书。食品药品监督管理行政机关制作的具有法律意义的执法文书，是指食品药品监督管理行政机关行使行政权，根据有关法律规定或者行政执法实践制作的并不具有行政执行力但却有行政执法活动意义的文书。例如，食品药品监督管理行政机关根据法律规定而制作的案件调查终结报告、重大案件讨论笔录、对外使用的行政复议建议书等，都是食品药品监督管理行政机关制作的具有法律意义的执法文书。食品药品监督管理行政机关制作的具有法律效力或者法律意义的执法文书，是严格意义上的执法文书，本书统一称之为执法职能文书。

另一类是非食品药品监督管理行政机关制作的与行政执法行为关联的文书，称之为执法关联文书。它是指法律规定的特定主体，依法制作的与食品药品监督管理活动相联系并具有独立法律效力或者法律意义的非规范性文件。执法关联文书，主要包括以下类型：

（1）食品药品监督管理行政相对人制作的或者由律师代书的各种文书材料。例如，申请书、委托书、申请材料、赠与书、合同等。

（2）与食品药品监督管理直接相关的其他参与人制作或提供的证据材料。例如，检验报告书、鉴定结论、证人证言、翻译人员的翻译等。

（3）与食品药品监督管理直接相关的代理人制作的文书。例如，律师制作的代理词等。

（4）与食品药品监督管理相关的国家公证机关制作的公证文书。例如，继承权公证书、亲属关系公证书、涉外合同公证书等。

以上四类文书，若具备以下条件的，则为本书所指执法关联文书：

第一，具有食品药品监督管理活动中不可缺少因素；第二，一旦发生纠纷，最终须由食品药品监督管理行政机关认可、确定或以其他方式处理解决的；第三，能对食品药品监督管理活动发生一定的法律效力的；第四，对食品药品监督管理行政机关实施法律具有保证作用的等。凡是符合上述条件的文书，皆属食品药品监督管理执法关联文书。

食品药品监督管理执法职能文书与执法关联文书，是具有法律效力或者法律意义的广义的行政执法文书。

### （三）执法文书的作用

执法文书的作用，是指执法文书在运作过程中所体现出来的某种效用。执法文书在实施法律和规范社会活动及行为方面所体现的作用是十分广泛的，主要表现在如下几个方面：

1．执法文书是实施法律的重要工具　执法文书是实施法律的工具，这是执法文书的最基本作用。执法文书的内容是国家法律与具体行政事务相结合的产物，是运用法律手段调整各种法律关系的记录，它表现了法律适用的结果。

法律的实施具体体现在两个方面：一是对实体问题的处理；二是将实体问题的处理通过制作执法文书的方式表现出来。因此，执法文书作为实施法律的工具，起着不可忽视的作用。比如：行政审批、行政处罚、监督检查等一系列行政执法活动，都必须依照法律规定的程序进行，每道程序又必须以相应的执法文书作为实施的前提。也就是说，没有执法文书，行政执法行为就无法进行。法律文书质量的高低直接关系到法律能否有效执行，关系到国家、集体利益和当事人的合法权益能否切实得到保障。由此可见，执法文书的制作是关系维护国家法律严肃性和实现依法行政的大事情。

2．执法文书是履行职责、规范权利义务的凭证　执法文书是文书主体实施某种具体法律行为的凭证，这是执法文书的主要作用。执法机关为了表明实施法律行为的合法性，诸如查封、扣押时必须出具相应的执法文书，这种执法文书就是表明执法主体行为合法的凭证。行政执法活动是否依法进行，行政执法活动是否正确、合理，行政执法各个环节是否相互衔接等，一般都需由执法文书加以证明和反映。有些执法活动，没有执法文书作为凭据则无法进行，如行政许可申请材料接收登记表、听证通知书等。

3．执法文书是行政执法活动的忠实记录　执法文书是行政执法过程的跟踪和记录，它以文字的形式，全面、准确、如实地记载和保留行政执法活动的材料和证据，使食品药品监督管理行政机关与当事人及时沟通、互相交流，从而保证行政执法事项处理的公正、公平。以行政处罚为例，食品药品监督管理行政机关在办理行政违法案件的过程中，随着立案、调查取证、听证、处罚决定、执行等程序的进行，先后制作使用相应的执法文书，记录了整个案件的全过程。随着时间的推移，该处罚程序结束，而执法文书却记录着实施该项行政处罚过程中所出现的各种情况。执法文书不仅对案件、事件的处理起着重要的作用，同时，由于执法文书具有静态、固定的特点，对行政执法活动的总结、纠错有着重大意义。因此，执法文书不仅对处理食品药品监督管理行政事务有直接的现实作用，还有着不可忽视的学习借鉴作用。

4. 执法文书是考核干部的重要尺度　执法文书的制作是行政执法的必然结果，行政执法质量必然体现在执法文书中。制作执法文书是行政执法人员的基本功之一，制作的执法文书质量的高低，反映了制作主体素质。因此，食品药品监督管理行政机关对行政执法人员工作的考核或评估，普遍将其制作的执法文书作为考核或评估内容之一，是十分正确的。从某种意义上说，执法文书的制作和适用水平，是行政执法人员思想政治素质和业务素质的具体折射或反馈。执法文书具有考察制作主体素质的作用，这是执法文书的特殊作用。

5. 具有执法、守法的教育作用　从宣传、教育意义上说，执法文书本身就是一份份真实、具体、形象的教材。公开的执法文书对公民、法人和其他组织来说，是运用具体案例进行学法、懂法、守法和护法的重要手段。同时，对执法文书的制作主体来说，通过制作，同样具有接受严格法律教育的作用。执法文书的宣传教育作用，是执法文书的直接作用。

执法文书的作用是多方面的，除上述之外，还有对立法、制定政策等抽象行政行为所起的参考作用等。我们在执法实践中，通过制作高质量的执法文书，可以直接在行政执法中发挥作用；同时，可充分扩大执法文书在社会上的影响，发挥执法文书在打击各类违法犯罪活动、调整各种法律关系，保障公众饮食用药安全等方面的重要作用。

## 二、制作和适用执法文书的主要原则

食品药品监督管理行政机关依法实施的食品药品监督管理活动，属于一种行政执法行为，其每一个环节都必须依法进行。食品药品监督管理行政机关制作和适用的执法文书，也是维护法律尊严的标志，它表明食品药品监督管理行政机关实施法律的执法活动是严格依法进行的，是十分严肃的一种法律行为方式。食品药品监督管理行政机关制作和适用执法文书，是为了树立和实践科学监管的理念，保障公众饮食用药安全，促进经济社会协调发展，全面推进依法行政，保护公民、法人和其他组织的合法权益。因此，制作时必须态度严肃、尊重客观事实、恪守国家法律、表达准确清楚，而且迅速及时。食品药品监督管理行政机关制作和适用执法文书应当遵循以下原则：

### （一）合法原则

执法文书的合法原则，是其根本原则，包括执法文书的内容合法、形式合法和使用合法等，必须严格遵循。执法文书合法性问题至少包含如下几层意思：第一，执法文书的制作主体必须符合法律规定，不符合法律规定的主体制作的执法文书，不具有合法性。第二，执法文书所依据的法律规范必须本身有效，凡是依据未颁布的或被废止的或被中止的等无效的法律规范而制作的执法文书，不具有合法性。第三，执法文书必须按照法定程序制作，违反法定程序制作的执法文书，不具有合法性。第四，执法文书的制作要符合实体法的规范，没有实体法作为基础，执法文书叙事、说理和结论的形成便没有准则。第五，执法文书制作时，存在着法律解释的合法性问题。执法文书制作主体在行使权利的过程中，将抽象概括的法律规范适用于具体的行政执法事项时，无论是在程序法还是在实体法的适用方面都涉及法律的解释。只有合理的法律解释，才符合合法性的要求。

（二）合理原则

执法文书制作应当合理，表现为：一是执法文书的内容合理；二是执法文书的形式合理。执法文书是制作主体适用法律办理具体行政事务过程的产物，其内容合理，实际上是法律的理性体现。法律作为一种社会规范，对人、行为或事件的规定是抽象的、概括的，不可能也不应当对一切的社会现象都作出规定，而执法文书却是把这种抽象的、有限的法律规范适用于具体的人和事。由于人们的认识水平总是有差别的，对同一法律规定会有不同的理解，法律规定中的很多专门术语，也需要作出明确的解释。因此，制作执法文书时必须对法律作出合乎理性的解释，否则就谈不上对法律的统一适用，执法文书内容的合理性就难以体现。在行政执法中，运用和解释法律必须使用理性的方法，尽可能排除个人的偏见，只有这样才能保证执法文书的内容合理。执法文书的形式合理性表现在两个方面，一是规范结构样式的合理性，二是文书内在结构内容构成的合理性。执法文书合理性的构筑，必须运用法律及充分利用理性的工具，如逻辑学、语言学、哲学和社会学等学科的研究成果，其总结了人类思维所必备的语言、逻辑和哲学思维方式的基本精神，为我们适用法律制作文书提供了许多成功的方法。

（三）规范原则

执法文书从外部形式上看，具有规范的特点，主要体现在执法文书结构内容的固定和某些程序性语言的规范上面。执法文书规范具有如下几种含义：第一，执法文书应符合一定的规范。规范是一种执法文书制作主体应当共同遵守的规则，执法文书的内容一般以有序化为规范，包括叙述事实要素化、援引法律条文规则化、列举证据的组合排列链条化、行政执法事项的处理决定标准化等。例如，援引法律规范条文较多时，往往是先引法律条文、后引法规条文、规章条文等。第二，执法文书的格式一般以使用统一规定的格式为规范，例如，《药品监督行政处罚程序规定》和《药品监督行政执法文书规范》，对35种执法文书格式作了规范。执法文书格式统一，有利于按法定程序制作、依法适用、长期保存。执法文书的格式规范，主要包括格式的结构规范、格式所列的事项规范和启承转合的段落层次的界定术语规范等几个方面。执法文书的结构，一般由首部、正文和尾部构成；执法文书的事项除首部之外，一般由事实、法律规定和处理决定等构成；执法文书的段落界定术语，一般有“查明”、“确认”、“决定如下”等作为标志。执法文书具有一定的规格，包括名称、大小、文号、用纸、字体等都要符合规定的条件。第三，执法文书使用的语言文字符号应力求规范，即以准确为前提，所使用的专业术语要规范；使用的汉字以国务院颁布的第一和第二批简化字表为规范；使用的词语和句子要准确、凝炼、严谨、朴实、庄重，要符合公文语体规范、语法规范及有关公文制作技术规范等要求。同时，执法文书使用的标点符号包括使用的数字（如用中文数字还是用阿拉伯数字），也要符合规范要求。每一种执法文书在规范样式的设置时，应当合理，能为执法文书的制作者所接受和遵守。

### （四）强制原则

强制原则，是指制作主体依照法定职权和程序，制作执法文书，国家强制力保证执法职能文书的执行。执法文书的强制性来源于法律的强制性，执法文书是执法和守法活动的产物，是具体实施法律的结果。生效的执法职能文书，是食品药品监督管理行政机关行使国家行政权的集中体现，是对具体的行政事务和当事人具有约束力的非规范性文件，具有行政行为的效力（包括公定力、确定力、拘束力和执行力），由国家权力保证其实施；除非按照法律规定的程序变更或撤销之外，不得变更、不得撤销。

执法文书强制原则，是执法职能文书适用的一个重要原则，表现在三个方面：一是执法文书必须由法律规定的主体依法定程序制作，包括了制作主体的强制性规定、制作程序的强制性规定和制作时效的强制性规定，执法文书制作主体不得违背法律的强制性规定。二是执法文书一经制作或者认可必须依法执行，否则，应承担相应的法律后果。三是执法文书一经制作，非依法定程序不得任意改变。这是法律的强制力和稳定性的必然要求。即使生效的执法文书存在错误，也应该依法定程序来变更。执法文书的强制原则，包括直接靠强制力保证实施的执法文书，如查封、扣押决定书等；生效后靠司法机关强制力保证实施的执法文书，如行政处罚决定书等。

### （五）及时完备原则

迅速及时是制作和适用执法文书应普遍遵循的准则，其目的是迅速及时地办理行政事务，保障公众饮食用药安全。完备齐全，是指执法文书的手续完备、卷宗齐全。制作的执法文书，一般都有拟稿、审核、签发、印发、送达等一整套手续，每一道手续都有规定或要求，必须严格依法依规办理。同时，每一个具体行政执法事项办结，必须及时把各种执法文书按先后编号装订成册，归入卷宗。此外，关于制作执法文书所用的笔墨纸张、印刷的字体行距等，都有相应的规定，制作使用时也要遵守。

综上所述，制作和适用执法文书的合法、合理、规范、以国家强制力保证执行和及时完备的原则，是执法文书的基本准则，体现了执法文书内容的法律性、形式的程式性、实施的有效性特点，我们应当切实执行。

## 三、执法文书制作的基本要求

执法文书制作有两个最基本的要求：第一，必须具备丰富的食品药品监督管理法律知识和其他相关学科的知识；第二，必须进行执法文书的制作训练。因此，应注意以下几个方面：

### （一）充分认识执法文书的重要意义

食品药品监督管理行政执法人员应当充分认识执法文书对推进依法行政、加强法制建设的意义。依法行政的本质是依法规范、约束行政权力。执法文书是食品药品监督管理行政机关行使行政权力办理行政事务的真实记录，它是一面镜子，能反映出食品药品监督管理行政机关执法的情况、态度和作风，反映了行政执法人员法律知识水平和法律技能的状况，反映了食品药品监督管理行政机关是否依法办事，是否严肃执法。行政执法人员是行政管理活动的具体实施者，担负着运用法律实施行政管理的重任。行政执法人员制作的执法文书，正是其素质的综合反映。没有良好的法律素质的行政执法人员队伍，严格依法行政无从谈起。为此，加强行政执法人员法律知识的学习和培训，切实提高其解决行政管理过程中的法律问题能力，提高执法文书制作质量，对推进依法行政具有重要的意义。

我国法制建设，主要体现在立法、执法和守法等方面。执法文书不仅是行政执法的重要工具，也是守法教育中的特殊教材。同时，某种执法文书的范式是否具有规范性和普遍性，其前提又来源于立法的科学性和完善性，也就是说立法的完善与否直接影响着执法文书规范的完善性。执法文书是实施法律的重要工具，它对立法思想、立法原则、立法范围和立法技术，都有直接或间接的作用。因此，加强执法文书学习、研究，提高执法文书的制作水平，是法制建设的一项重要内容。

### （二）加强法律知识的学习，提高业务水平

执法文书是适用程序法和实体法办理行政事务过程的产物，它以法律规则为核心，以法律思维为导向，以文字表述为形式；

执法文书的制作实际上是法律规则与法律思维借助语言文字来表述的一种表现形式。执法文书的制作离不开具体行政事务中法律的实施和运用。因此，执法文书制作应该结合具体执法事项，从法律实施效果的角度进行深入细致的分析，运用法律思维方式和文字手段对具体执法事项进行解释并表达。从事行政执法工作、制作好执法文书，首先必须具备较全面的食品药品监督管理法律知识。这些法律知识是制作执法文书的基础。其次，执法文书是法律在实施过程中与具体的食品药品监督管理行政事务相结合的一种文字表述，应当具备食品药品相关的专业知识。再次，应当具备语言学、逻辑学方面的知识，执法文书的表达离不开这些学科的知识。所以，加强各门学科知识的学习，提高业务素质，是制作执法文书的基础。

### （三）掌握基本原理，提高制作技能

执法文书的基本原理是实践经验系统化、科学化的总结，它通过一定数量执法文书的分析、比较和研究，从法律规定、语言学、文学、逻辑学等方面概括出执法文书制作实践中的一般规律。执法文书的基本原理，对制作执法文书有着重要的指导作用。

执法文书的制作，应当熟悉掌握执法文书的概念、特征、原则和有关制作主体、案由、格式、叙事、说理，援引法律条文、作出决定等基本理论，借以指导各文种的制作，为制作高质量的执法文书打下坚实的理论基础。学习和研究执法文书的基本原理的途径和方法是多方面的，一般可结合其他法律专业和相关学科知识进行学习和研究；可结合新颁布的法律、法规、规章及规范性文件进行学习和研究，可结合古今中外有关执法文书的论著或者具体案例进行学习和研究，也可结合行政执法监督检查、案卷评查等有关活动进行学习和研究，了解执法文书的制作规律，掌握制作文书的基本技能。

制作高质量的执法文书，一要善于整理、鉴别制作执法文书

的基础材料。文书的材料包括事实材料和理论材料，这些材料要经过一番鉴别和选择，去伪存真，去粗取精，以保证材料的真实性和完整性。在此基础上，围绕主旨，统筹安排，合理组织，结构成文。处理材料，需要有扎实的食品药品监督管理法律知识，熟悉食品药品监督管理业务，对食品药品监督管理行政执法事务具备较强的分析、判断和认识能力。二要掌握执法文书的特点和要求，熟悉常用执法文书的内容和写法。执法文书鲜明的法律特点决定了它在内容和形式上都有严格的规范性，不能别出心裁，另搞一套；各种不同的执法文书，从结构规律上看，既有共性又有各自不同的特点，应当熟练掌握常用执法文书格式、内容和写法的具体要求，如果既掌握了共性的一面，又注意了个性的特点，具体进行实务操作时就能够驾轻就熟，得心应手，能够准确表达文书的主旨。三要具备较强的语言表达能力。执法文书属于公文语体，有其独特的文体特点、表达方法和语言风格，对此应当有清晰的了解，并且要有较强的语言文字驾驭能力，才能在占有材料、明确主旨、熟悉格式的基础上，制作出准确简明、清晰流畅、高质量的执法文书。若要熟练掌握这些制作文书的基本技能，应当理论联系实际，在实践中不断总结提高。

### （四）深入研究，学以致用

执法文书研究主要有以下两个方面：

1. 执法文书的基本理论研究　执法文书的基本理论研究包括两方面内容：一是执法文书的标准范式的研究，主要是以现行的各种执法文书规范格式为基本对象，结合立法的规定，从主体、功能、结构等不同角度对现行文书进行分析和解释，以反映法律实施的根本目的和追求。各种执法文书标准范式的设置都离不开法律规范，法律的调整和变化也会引起执法文书范式设置方面的变化，从立法的角度探寻执法文书变化的规律，从而为执法文书的实际运作提供有益的经验。二是执法文书的制作理论研究，主要研究执法文书的特点、制作原则、制作要求。执法文书作为法律实施的一种存在形式自有其鲜明的特点，通过分析和研究掌握执法文书的这些特点，并在此基础上了解执法文书的制作原则和要求，这样更有利于制作出高质量的执法文书。

2．执法文书实际操作问题的研究　执法文书由于制作主体、程序及功能各不相同，执法文书在运作实践中远比一些理论问题及格式规范问题更为复杂。不同的文书有不同的制作要求，即使是同一种文书因为案件、事件事实的不同也会存在差别。因此，如何将执法文书中的各种实际操作问题理论化、抽象化，并寻找其一般制作规律，再将抽象化的一般理论和规律具体运用到个案之中，体现了感性知识到理性知识，理性知识指导实践的升华过程，是执法文书研究中不可缺少的内容。

执法文书是法律实施的一个重要标志，执法文书的制作是行政执法人员必不可少的一种基本技能。执法文书的制作基础来源于行政执法实践，不深入研究行政执法中有关情况，不理解和理顺特定的法律关系，就不可能真正抓住执法文书制作的重点。实践是理论的源泉，实践出真知。执法文书的制作既要学习相应理论，又要在实践中反复锤炼，只有理论与实践的有机结合，才能制作出高质量的执法文书。行政执法中的每一份材料、每一份证据、每一个情节都必须认真分析；只有深入实际，才能在制作文书时对每一个细节了然于心，才能做到删繁就简，得心应手。当然，制作一份高质量的执法文书不是一蹴而就的事情，它需要经过多次反复的训练。因此，勤于实践、勤于思考是写好执法文书的一个重要途径。

## 四、执法文书制作主体

### （一）执法文书制作主体的概念

执法文书制作主体，是指依照法律规定，在食品药品监督管理行政事务中享有某一权利、履行某一职责并依法制作某一相应执法文书的食品药品监督管理行政机关、法律法规授权的组织等制作单位或个人。这里，应注意执法文书制作主体与执法文书的具体制作人不是相同的概念。根据权利能力与行为能力相分离的原则，具体制作执法文书的人不一定是文书的制作主体。具体的制作人在很多情况下，只是文书的代书人或者代表人。

法律对食品药品监督管理行政事务的程序、主体都做了明确的规定。在每一个程序阶段，都必须由不同的食品药品监督管理行政机关等制作者依法行使职权，承担义务。而每一个程序的开展，最后都归结到相应的执法文书制作。因此，各种不同种类的执法文书所反映的不同内容，一方面是法律程序在执法文书中的体现，另一方面，它是食品药品监督管理行政机关、法律法规授权的组织等制作者履行职责、行使食品药品监督管理行政权的具体体现。

### （二）执法文书制作主体的特征

执法文书的制作主体具有自身的特点，它不同于一般文章的主体，执法文书的制作主体具有如下特征：

1. 法定性　所谓法定性是指法律的强制性规定，特定的主体制作特定的文书都是由法律规范直接规定的，非法定主体无权制作特定的文书。

2. 职责性　制作执法文书，是制作主体依法履行职责的行为，是法定职责的重要内容之一。如食品药品监督管理行政机关制作的行政处罚决定，其职责在于对违法行为进行处罚；律师制作代理词的职责，是为了维护被代理人的合法权益。法律赋予了食品药品监督管理行政机关等制作者，在一定条件下制作执法文书的主体资格，制作主体在制作执法文书时，必须严格按照法律规定的职责进行。

3. 权利性　制作主体依法制作执法文书，不仅是一种履行职责行为，同时也是一种权利行使行为。如国家食品药品监督管理局签发精神药品进出口准许证，是法律赋予它的职责，又是其依法行使国家行政权的集中体现。当事人依法制作行政许可申请书、行政复议申请书，都是行使权利的重要体现。每一个制作主体有各自的权利，制作执法文书是制作主体行使法定权利的重要表现形式。

4．相对性　执法文书主体具有相对性，是指制作主体在行使权利或履行职责时，存在着相对主体。这一特点源自于法律关系自身的特征，社会各不同主体总是在特定的环境中形成特定的关系，履行特定的权利义务，在履行特定的权利和义务时形成了一种交叉性或互动性关系。因此，在制作文书时会形成文书的制作主体和相对主体，这两种主体是相互变化和交替的。在一种文书中是制作主体的，在另一种文书中则可能是相对主体。如在行政复议中，申请人是行政相对人，他是申请书的制作主体；被申请人是行政机关，是行政复议申请书的相对主体。而在答辩书中被申请人是制作主体，申请人则变成为相对主体。执法文书的主体就是在这种不断变化的过程中交互形成和变化的。

### （三）执法文书制作主体的类型

执法文书制作主体的类型主要是以下几种：

1．食品药品监督管理行政机关行使着食品药品监督管理行政职能，执法文书中大多数是由它们制作的，因此，它们是执法文书居主导地位的制作主体。

2．食品药品检验机构行使食品药品技术监督职能，在办理行政执法事项过程中，制作相应的执法文书，如《药品检验报告书》等，是执法文书的制作主体。

3．律师的业务范围是辩护、代理、代书、法律顾问等，在办理行政事务过程中，可接受委托，制作相应的执法文书，所以是执法文书的制作主体。

4. 行政相对人在办理行政事务过程中，可制作相应的执法文书，参与食品药品监督管理行政事务，因此，也是执法文书的制作主体。

5. 其他国家机关、企事业单位、公民在进行非行政事务（如签订合同、订立协议、遗嘱等）时，是非行政事务文书的制作主体。

（四）执法文书制作主体与执法文书的关系

执法文书与制作主体之间的关系，概括地说，制作主体是执法文书制作者，执法文书是制作主体在办理食品药品监督管理行政事务过程中，根据法律规定，依照客观事实，对具体行政事务作出正确认识以后所作出的文字记载，具体地说，主要是以下三个方面：

1. 只有在法律规定的前提下，一般主体才能成为执法文书的制作主体　执法文书是法律实施的工具，离开了具体的法律实践活动则不可能有执法文书主体的存在。就执法文书的制作来看，执法文书是制作主体在办理食品药品监督管理行政事务中，行使各种权利或履行各种职责时制作的各种执法文书。执法文书只能以法律规定的主体作为文书的制作主体。如果离开了法律的具体规定，所制作的文书也不成其为执法文书，因而也就不可能实现特定的目的，完成其特定的任务。

2. 执法文书是制作主体在办理食品药品监督管理行政事务的过程中的产物　执法文书所反映的是具体案件、事件的特定事由，它与法律、法规等具有普遍约束力的规范文件不同。执法文书的制作必须是将具有普遍约束力的规范文件中的规则适用于特定的人或事件，因此，执法文书必须以一定的具体存在的案件、事件为适用对象。在这种具体适用过程中，执法文书制作主体随应特定的程序要求，依照程序法或实体法的规定行使职能和制作文书，离开了具体的案件、事件和相关程序，就不可能制作具体的执法文书，也就谈不上法的适用。

3．执法文书的制作是制作主体有目的、有意识的反映　执法文书的制作是制作主体对具体案件、事件的具体内容的反映。根据辩证唯物主义的观点，人的认识来源于社会实践，制作主体在办理食品药品监督管理行政事务中，行使各项权利义务和履行各种职责正是社会实践活动的具体体现。制作主体根据执法文书的主旨，正确认定事实，阐明主张和理由，形成合法的结论，最终以文书的形式表现出来，这一过程是制作主体对案件、事件的事实和法律适用进行深刻认识的结果，也是主体的一种有目的、有意识的认识实践活动。它是制作主体在法律规定的前提之下，以具体的案件、事件为反映内容，以自己的执法行为或其他法律行为为条件，对案件、事件作出的有目的的意识反映。

### （五）执法文书对制作主体的要求

执法文书的制作主体具有特殊性。在具体文书的选择和制作时有一定规律，因此，从制作主体的角度来看，执法文书对制作主体具有一定的要求，表现在：

1．依法定主体制作　特定的文书只能由特定的主体来制作，这种特定性往往表现为法律的强制性规定。如某项行政许可决定书的制作，只能由享有该项行政许可权的行政机关来进行，其他无该项行政许可权的机关和个人不能制作该项行政许可决定书。

2．依法定职权制作　执法文书的制作主体必须依照法律规定的职权制作执法文书，食品药品监督管理法律、法规、规章对此都作了明确规定。如吊销药品生产许可证的处罚，县、市食品药品监督管理局无权作出，只能由原发证机关（省级食品药品监督管理局）作出。

3．依法定程序制作　法律所规定的程序都有其特定的要求，是执法文书制作主体在具体行使权利时必须遵循的。各种不同的法律程序产生相应的执法文书，如调查取证程序产生了调查终结报告，听证程序产生了听证意见书等，因此，制作主体必须依照法定程序制作执法文书。

4．依法定内容制作　各种执法文书都有其特定的内容，而这一特定的内容都是由法律、法规、规章规定的，如药品生产许可证、行政复议决定书、查封扣押物品通知书等执法文书的内容，法律、法规或规章作了明确的规定，是执法文书制作的法律依据。制作主体只有依照法律规定的内容制作执法文书，才能制作出合法的执法文书。此外，依法定内容制作，还必须以特定的格式来体现其内容，这也是依法制作的重要方面。

不同的执法文书都有各自不同的内容，而这些内容一般应由法律来规定。如行政处罚法对处罚决定书的内容作了明确的规定。当不同的法律关系中形成了不同的事实时，制作主体应根据不同的事实情况及不同的程序选择不同的文书来制作。

## 第二节　执法文书的结构与语言运用

### 一、执法文书的结构

执法文书的结构，是指文书作为一个整体存在，各组成要素之间的有机联系和外在模式，表现为文书内部各部分内容的组织安排、层次、顺序和格式，它包括执法文书的内容结构与形式结构。内容结构是指制作主体根据执法文书的主旨的要求，将收集来的材料（包括事实、证据、理由、依据等）通过正确选取、统筹安排、合理组织，形成了一个完整的结构关系。执法文书的主旨，是指制作主体的制作文书的目的、意图及其主张，也就是我们通常所说的文章的主题、中心思想或基本观点。不同种类的法律文书，其主旨又有不同的表现。例如，立案申请表的制作目的是经过初步核查，对确有违法事实、应当追究法律责任的案件，报请上级领导审批立案调查；行政许可受理通知书的制作目的是告知申请人经过形式审查，申请人提供的行政许可申请材料齐全，符合法定形式，申请已受理。各种执法文书有相对固定的格式，内容安排上有比较固定的顺序，称之为形式结构或制作格式。执法文书的制作格式，是由国家食品药品监督管理行政机关依照法律规定的执法文书内容制定并颁发的，由具体的执法文书所表现出来的程式化的结构。执法文书是适用法律的重要工具，它体现了制作主体对案件、事件的事实的正确认定、对法律规范的科学适用和对案件、事件的合法处理，因此，对每一种类的执法文书，都必须规定其特定的格式，使制作主体能够按照特定的格式和要求进行制作，以体现执法文书制作的严肃性和统一性。

（一）执法文书结构的制作原则

执法文书的结构是根据法律的规定、制作主体的需要、目的及程序的特点来设置的，其范式在设置时都必须遵循如下原则：

1. 根据案件、事件的内在联系和规律来构造文书的结构　虽然案件、事件的性质不同，每个案件、事件的具体情况也不同，但在文书结构的设置时，有一定的规律可寻。如案件调查终结报告等文书都涉及案件的实体问题，先是叙述违法事实，之后对违法行为性质和危害后果的分析，最后是引用法律条款作出某种结论。这类文书既有事实的叙述又有理由分析及结论。在结构安排上必须严谨、完整，必须按事物发展的逻辑顺序来构造文书的内部结构。另外有些文书只涉及某些程序问题，为了易于制作、提高效率，则采用了填充式或表格式。如（查封）扣押决定书、听证告知书等等。这些文书结构的设置相对而言，简便易行，易于制作。

2. 根据法律的规定来构造文书的结构　执法文书的制作依据来源于法律的规定，在办理食品药品监督管理行政事务过程中，应当具备哪些文书，什么情况下制作和使用什么样的文书，制作的主体是谁，制作的内容和要求是什么，如何收受和送达等，法律都有相应的规定，必须根据法律规定的程序需求来设置文书的结构。需要叙述事实、阐述道理，使相关主体信服的文书往往采取复杂的结构方式；只在程序上起某种凭证作用或归档、管理作用的文书则采取简单的结构方式。

3．根据文书的主旨来建构文书的结构　主旨的产生则来源于客观事实、法律规定和制作者的认识能力，面对相同的客观对象，因为主体的不同、法律规定或者程序的不同，所需要表达的主旨不同，有不同的文书和不同的结构形式。如行政复议程序中，申请人、被申请人双方虽然基于同一法律关系事实，但因为地位和制作目的不一样，所使用的文书的结构也不一样，申请人使用的是申请书，被申请人使用的是答辩书。这两种文书尽管同为诉状文书的一种形式，但在结构规范上存在很大的差异。

### （二）执法文书结构的特点

执法文书的结构由于其实用性和专业性的需要，决定了执法文书的结构具有显著的特点。这表现在：

1．结构的稳定性　执法文书的稳定性是由法律规则的稳定性和人类认识客观事物的规律性所决定的，表现为结构的固定化，亦即行文模式的程式化。执法文书在长期的行政执法实践过程中逐步形成了相对稳定的体裁和格式，依照法律的规定，按照一定的格式，把特定的内容和项目简明扼要、条理清晰地表达出来，不仅是形式上的需要，而且还是执法文书管理的规范化和科学化的需要。虽然制作式文书较之其他填充式文书结构更为严谨和完整，但在结构上都是由文书的首部、正文和尾部三部分组成。这样稳定的结构，便于执法文书的制作、查阅、管理，有利于法律的实施。

2．内容的规定性　执法文书内容的规定性，是指执法文书的内容构成必须符合法律规定，不可缺项漏项。这是法律的稳定性、普遍性和强制性所决定的，为了保证法律的实施，法律一般对执法文书内容、制作要求都有明确的规定，在构造执法文书的结构时，不仅在形式上要求稳定、统一和规范，而且在内容构成方面必须符合法律的规定，符合文书表达方面的特点，形式与内容相辅相成，相互协调，才能确保执法文书的合法性和实用性的有机结合。如《中华人民共和国行政处罚法》第三十九条规定："……行政处罚决定书应当载明下列事项：（一）当事人的姓名或者名称、地址；（二）违反法律、法规或者规章的事实和证据；（三）行政处罚的种类和依据；（四）行政处罚的履行方式和期限；（五）不服行政处罚决定，申请行政复议或者提起行政诉讼的途径和期限；（六）作出行政处罚决定的行政机关名称和作出决定的日期。行政处罚决定书必须盖有作出行政处罚决定的行政机关的印章。"这一规定是制作行政处罚决定书的程序依据，又是行政处罚决定书内容构成的来源，现行行政处罚决定书的形式和内容构成正是这一规定的体现。

3．结构用语的程式化　结构用语的程式化，是指执法文书的各部分内容的表达，多有规范了的固定用语，书写该项目时只能如此表述，没有丝毫的变通余地。执法文书结构的程式化是法律规则与语言功能的有机结合，执法文书的外部结构形式是由首部、正文和尾部等层次构成的一个有机整体，任何一个层次在文书中都不是孤立存在的，而是彼此联系、相互衔接的，构成承接和过渡部分的样式、用语是规范了的固定用语。如行政处罚决定书尾部表述为："如不服本处罚决定，可在接到决定书之日起六十日内依法向××食品药品监督管理局申请行政复议，或三个月内向××人民法院起诉。"这段话十分简练地交代了有关行政复议期限、复议机关或提起行政诉讼期限和一审法院等内容，体现结构用语的程式化。

### （三）执法文书的内容结构

执法文书的内容结构一般由事实、理由和结论三个部分组成，这三个组成部分存在着内在的、有机的逻辑联系，形成不可分割整体。

执法文书的事实是指案件、事件的事实，它不是一种主观臆造，而是一种法律事实。法律事实是指法律所规定的，能够引起法律关系的产生、变更或消灭的具体条件和事实根据。法律事实是经过证据证实了的事实，是经过依法举证、质证、认证的事实。法律事实通常分为法律事件和法律行为两类。法律事件是指能够引起法律关系产生、变更和消灭，而不以人的主观意志为转移的客观事件。法律行为是指能引起法律关系的产生、变更和消灭的，法律主体有意志的行为。因为人们的意志有善意与恶意、合法与违法之分，故其行为也可以分为善意行为、合法行为与恶意行为、违法行为。执法文书记述的事实应当是客观存在的真实情况、事实的本来面目；执法文书引文材料必须经反复核对，出处准确无误，使用数据说明问题要求精确，不允许夸大或缩小，更不允许歪曲甚至虚构、捏造事实。

执法文书的理由包括认定事实的理由和适用法律的理由。认定事实就是认定案件、事件的事实，案件、事件的事实只有通过举证、质证、认证等活动，充分听取各方意见，经过推理判断，对证据的取舍和证明力作出正确的判断和选择，才能作出正确的认定。执法文书认定的事实应当客观，具体要求：一是准确地揭示案件、事件的本来面貌；二是全面阐述案件、事件的各个侧面；三是准确表达案件、事件关键部分的事实。执法文书所依据的事实是法律事实，所以，执法文书记述的客观存在的案件、事件的事实必须有其法律依据。适用法律的理由是根据需要认定的法律事实，经过推理论证，选择最适合的法律条文，才能避免适用法律错误。

执法文书的结论一般明确地表达了执法文书的主旨，它是主旨的一种表现形式。结论表达要求正确、鲜明、集中、具体。所谓正确，就是要求执法文书的结论要以事实为根据，以法律为准绳。执法文书的结论是从经过调查复核的确凿的行政事务的事实材料中提练、概括出来的，又是以法律为标准、为尺度确立和体现的，既不能超出适用的法律条文含义范围，也不能错用、虚用法律条文。所谓鲜明，是指结论态度明确、立场分明，一目了然。执法文书是为了解决行政执法活动中的具体问题而制作的，文书肯定什么，否定什么；维护什么，反对什么，都要做到态度明朗，观点鲜明，绝不可含糊其辞，模棱两可。所谓集中，是指结论一般只阐明一个基本观点，只说明一个基本问题，不可将次要的、甚至与主旨无关的枝节问题放在结论中写。所谓具体，是指结论应当明确表达文书所要解决的什么问题或者制作主体的什么主张。一般可以从执法文书的标题认知其基本结论或主旨，如食品药品监督管理行政机关的行政处罚决定书，就是对特定案件的违法行为作出行政处罚。

从执法文书构成要素之间的关系来看，案件、事件的事实和法律依据是第一位的，结论是在事实和法律的基础上形成的。事实不清，适用法律不当，结论必然错误。但形成执法文书时，结论又统帅着整个文书，它是执法文书的旗帜，这是由执法文书内部结构的特点所决定的。

内容的结构形式主要有以下几种：

1. 三段论式结构　是指先叙述案情或者事件的事实，然后以法律衡量事实的是非对错，最后得出正确判断的结构形式。事实是形成理由的基础和依据。事实的叙述一般承接首部的案由或事由，边叙事，边列举论证分析，也可在叙述事实之后，集中陈述，分析论证。重点要把握好两点：一是法律上构成案件或事件的要素（时间、地点、人物、过程、目的、结果等）叙述清楚；二是从语言上把事实表达清楚。其次，理由是对事实的概括升华。论述理由离不开事实的叙述，离不开对照法律的具体规定。即理由要与事实保持高度一致；理由与适用的法律条款高度一致。最后，根据事实和理由得出处理结论。它与理由有着内在的密切联系，但与理由的论述又有明显区别。三段论式结构是执法文书最为基本、最为普遍的结构形式。

2．纵向式结构　又分为直叙式和递进式两种，直叙式是指文书的内容按照从重到轻，从大到小，从主到次的一种纵深方向发展。如执法文书中主要违法行为在前，次要违法行为在后。直叙式的方法，使文书看上去脉络清晰，主次分明，轻重有别。递进式是指文书内容按照事理的层递关系或认识的过程安排结构，多采用因果结构，由外到内，到浅入深，由易到难，摆情况，找原因，下结论，说理透彻，论辩性强，符合人们认识思维的过程，一些报告类文书多采用此结构方式。

3．横向式结构　横向式结构是指文书内容沿横向展开，一是按照事物的组成部分展开；二是按照事物的空间分布展开；三是按照事物的归纳关系展开。横向式一般有条款式和并列式两种。条款式也称“简单列举法结构”。其特点是内容单一、眉目清晰、简洁明了。一般用来规范人们的各种权利义务关系和具体行为。我国现行的法律、法规、规定等多采用此结构。并列式结构是指文书的内容有多个分论题，各自独立、互不关联，但它们又同时围绕总论题去布局和论述。其特点是理由充分集中，说服力强。对于多种违法行为的案件调查终结报告等执法文书常采用此结构。

4．纵横结合式结构，是指文书在组织材料时既考虑到时间发展顺序，又顾及到事物的性质及事物之间的内在联系。它包括先横后纵式和以纵带横式两种。先横后纵式的特点是能将复杂的案件或事件的事实叙述清楚，责任明晰，可用于复杂的药品行政案件中多个违法嫌疑人多种违法行为的叙述。以横带纵式的特点是以时间发展为经，以事件矛盾焦点为纬，适合于争议较大的行政事务的叙述。

执法文书的结构安排一是要准确地反映食品药品监督管理行政事务的客观规律及其内在联系；二是结构要服从文书主旨的需要；三是要适合各文种的特点和要求。安排结构一定要结合文种，从所写内容的实际情况出发，选择使用恰当的结构形式。

（四）执法文书制作格式

1．概念　执法文书制作格式是指执法文书的形式结构或外在表现形式，一般包括首部、正文、尾部三个部分。

首部是执法文书的开头部分。一般包括文书制作机关名称、文书名称、文书编号、当事人的基本情况、案由或事由、案件或事件的来源和处理过程等项内容。

正文是执法文书的核心部分，是文书要解决的问题及其法律事实和依据。任何一种执法文书都有正文部分，正文的内容都包括事实、理由及结论三项。不过，有的“结论”是指要求事项或处理意见或处理结果等。在有些文书中这三项内容是连在一起书写而不是分开表述的。

尾部是执法文书的结束部分，一般包括告知事项、签署、日期、用印、附注说明等项。根据不同的文种，尾部的事项稍有不同，但签署、日期、用印则不可缺少。尾部的用语固定，程式严格，不能随便取舍，否则会影响执法文书的效力。

2．执法文书制作格式类型　执法文书制作格式主要有四种类型，即填写式文书、表格式文书、笔录式文书和制作式文书。它们的基本特点、样式和内容如下：

（1）填写式文书　填写式文书是指结构简单，大部分内容已经固定，只有少量内容由制作者填写的文书。这类文书的特点表现为：第一，填写式文书一般只起程序或凭证方面的作用，需要填写的内容较为简单，不需要经过复杂的叙述和分析说理。第二，填写式文书的结构简短，制作格式一般篇幅不长。第三，填写式文书易于制作，由于它具有内容单一和结构短小的特点，制作时十分方便迅速，一般用于较为简单的事项，如行政许可受理通知书、听证通知书、授权委托书等。

（2）笔录式文书　笔录式文书就是以文字的形式如实记录食

品药品监督管理行政执法活动的文书。笔录式文书主要起证据作用。因此，这类文书的主要特点表现为：第一，内容真实、完整、客观。笔录式文书应当真实完整地记录现场（监督检查、听证、调查、当事人陈述申辩等现场）情况、人物对话等需要记录的活动，笔录式文书一定要忠于事实，不能夸大也不能缩小，笔录内容既要全面，又要突出重点。第二，形式简单。笔录式文书记录语言、行为等活动，一般不涉及论证分析或者权利义务的具体主张。第三，手续完备。无论是问答式笔录还是记录行为的笔录，其主体和相关主体必须合法，形成文书的程序和手续必须完备，如在场人应当对笔录的真实性签上意见、日期。

笔录类文书种类繁多，但按其记录的客体可分为记录话语的笔录和记录行为的笔录两类。记录话语的笔录如当事人陈述申辩笔录、调查笔录、听证笔录等；记录行为的笔录如现场检查笔录等。

(3) 表格式文书　表格式文书就是采用表格的方式来表现一定内容的执法文书。这类文书除具有填写式文书的特点外，最明显的特点是借用了表格的外在形式来表现文书的内容，使阅读者清晰可见，一目了然。各食品药品监督管理行政机关在规范内容单一、便于制作的一类文书时都运用了这种方法。一般用于内容固定、简明单一的事项，如立案申请表、查封扣押审批表、送达回执等。

(4) 制作式文书　制作式文书也称拟制式文书或叙议式文书，是指制作主体制作时需要叙述事实、阐述理由并在此基础上作出结论的规范性文书。这类文书在规范样式时，结构非常完整，但规定的内容只是文书的形式要素，主要结构内容还要靠制作者根据案情或行政事务具体情况来决定。如行政复议决定书等都是制作式文书。

### （五）执法文书与制作格式的关系和要求

执法文书与制作格式之间的关系，简而言之，执法文书是制作格式的载体，是格式中各项内容的综合反映，是制作格式的内在核心。而制作格式是执法文书的外在表现形式，是执法文书中各项内容的规范化要求。

1．执法文书是制作格式的载体，综合反映了格式中的各项内容　制作格式中包括了当事人基本情况的说明、对案件或事件的事实的认定、证据的表述、理由的论证和处理结论的作出，这些格式中的必备要素必须通过执法文书这一载体表现出来，离开了执法文书，格式本身并无意义。而且，每一种执法文书都是一个整体，格式中的每一部分虽然都有其特定的内容，但如果离开了执法文书的整体，也是无任何法律效力可言的。因此，每一种格式，只有依附于执法文书，才具有一定的生命力。

2．执法文书的法定内容是制作格式的内在核心　就格式本身来说，无任何法律效力或法律意义，只有将各种执法文书的法定内容蕴涵在具体的格式之中，才能制作出有生命力的执法文书。法律对各类执法文书的内容都有明确规定，作为执法文书外在表现形式的制作格式，应该准确、全面、具体地反映法律规定的内容，使执法文书的每一部分都能做到内容完备、真实、齐全、合法。

3．制作格式是执法文书的外在表现形式，制作格式对执法文书的内容起了规范作用　制作主体的职权范围、各种执法文书所必备的法律性是执法文书的内在实质性要件，而制作格式则是执法文书的形式要件。执法文书缺乏实质性内容，只能成为空洞的东西。但如果缺乏必要的形式要件，不讲格式，随意制作，应当写的内容不写，不应当写的内容大写特写，只能成为无法定形式的秩序紊乱的材料堆砌。这样的执法文书无法做到准确性、有效性和完整性的统一。内容和形式只有相辅相成，同时存在于执法文书之中，才能有效地体现执法文书的特有功能，才能有效地执行法律，保证执法的统一性和严肃性。此外，制作格式促进制作主体在执法文书制作中认真履行各自的职权，如案件调查终结报告应当写明的案情、违法事实、办案程序及相应的证据、处罚建议等，在案件调查终结报告格式中都有具体的表现，而这一表现恰恰又是案件调查人员履行职责的重要体现。因此，制作格式是执法文书的本身要求，它对执法文书的内容起了规范作用。

4. 制作格式必须符合各类文书制作的法定程序　我国行政许可法、行政处罚法、行政复议法、药品管理法等法律是各类执法文书制作的依据。执法文书的制作格式必须全面反映上述法律对执法文书的规定和要求，使执法文书成为各种不同程序中的组成部分。应该明确的是，执法文书与有关法律程序规定的联系非常紧密，各种执法文书中都有关于程序内容的反映，因此，规范的制作格式能够保证相应的执法文书符合法定程序，这也是执法文书对制作格式的要求。

## 二、执法文书语言的运用

执法文书的语言运用，是指根据特定文书的功能和要求，选择和使用最贴切的字、词、句以及最适当的表述方法，调整和斟酌加工语辞，使执法文书充分、完美地体现其主旨和表达意见的过程。语言是思想的外在表现，语言文字是人们表情达意的媒介。一切文字的材料都离不开语言，法律规范需要通过语言文字来表达，对法律的理解、诠释和运用也必须通过语言文字加以体现，执法文书作为法律实施的工具和手段，它的语言运用显得尤为重要。目前，各种执法文书有相对完备制作格式，但对执法文书语言的表达没有也不可能作出具体的规范。执法文书作为行政执法活动的文字载体，其中所运用的语言，在遣词造句、句式的选择和表达方式的运用等方面都自成一格，显现出自己独特的风格和特点，值得我们认真而深入地研讨。

### （一）语体的概念

语体，是指人们在不同的社会领域进行交流时，根据其不同的目的、内容、对象和环境而选择语言材料及表达手段，形成的具有独特表达特点和风格的语言体系。运用语言来表达思想，无论是口头的或书面的，必须顾及语体。按照语体的特点，调音选字、遣词造句、布局谋篇。如果语言运用不合语体，即使语意完整、词句畅达，也不能达到预期的表达目的。

现代汉语语体类型一般划分为两大类，即口头语体与书面语体；书面语体又可以分为文艺语体（又称艺术语体）、政论语体、科技语体、公文语体等。执法文书是以公文语体为主体的书面语体。公文语体以实用为目的，其语言运用有特殊标准，必须写得一清二楚，十分明确，句稳词妥，通体顺畅，让人家不折不扣地了解你说的是什么。因此，明确性和简要性是公文的最基本的要求。

执法文书的语言，简而言之就是人们在参与食品药品监督管理行政事务活动中制作相应执法文书时用以表达思想、传递信息和交换意见的文字。执法文书中所使用的语言没有自己独立的语音、词汇和语法系统，它是公文语体的一个分支。执法文书作为一种处理食品药品监督管理行政事务的公文，记载了行政许可、行政处罚、行政复议及行政诉讼的过程和结果，体现着法律的尊严，行政执法实践的特殊性质、目的、内容和程序，决定了执法文书语体又不同于其他公文语体，具有更为鲜明而独特的风格。其风格和特点是食品药品监督管理行政机关、当事人和律师等在撰写执法文书，使用语言从事行政事务活动时，根据其工作的性质和制作目的而在语言运用实践中形成的。执法文书语言的风格和特点主要在于：

1. 真实　即执法文书中运用语言表述事实和现象、说明对象和罗列证据、论证理由和结论都必须实事求是。任何行政执法活动的文字载体都要求其反映的内容真实，不能刻意捏造，任意推测，也不能夸大、缩小。

2. 明确　即明白、准确，是指执法文书遣词造句要准确，语义要单一。显然，任何语体都讲究用词准确。但执法文书制作中对字、词、句的准确性要求更为严格。执法文书是依法行政的重要凭证，它往往关系到公民、法人和其他组织的切身利益，执法文书中使用的每个字、每个词、每句话都应是意思明确，恰如其分。既不能模糊不清，也不能模棱两可，必须明白无误地把食品药品监督管理活动中相关的人、事、物和道理直截了当地呈现出来，执法文书的语言内涵必须明确肯定，解释单一；遣词造句不允许存在委婉曲折、歧义纷出的现象。

3．庄重　即用语的正式和严肃。执法文书的语体特色必须与法律的权威性和庄严性一致，言必有据，不言过其实，不带个人情感色彩；选词造句强调规范得体，尽量不用通俗和非正式的生活用语。庄重性反映了法律的权威性对执法文书语言运用的影响。

4．简洁　即语言表述简明扼要，言简意赅。在表意完整明确的前提下，不重复、不啰嗦，不写废话、空话、套话，做到惜墨如金。力戒华丽词藻，不用过分的修辞、描写和抒情，不搞弦外之音，不事渲染铺陈夸张，不故作高深。

5．严谨　即言之有序，用语严密、搭配适当，内容展开符合逻辑规律。执法文书是具有法律效力或者具有法律意义的文书，表达意见和陈述观点必须有理有据，层次分明，逻辑严密；不能前后矛盾、漏洞百出。

### （二）执法文书语体的分类

执法文书的语体风格应当在所有的执法文书中得到充分体现，由于执法文书具体类别的不同，其语体风格在基本趋同的情形下，仍然存在着一些细微的差别。执法文书的制作主体在制作各种不同的文书时，必须认真比较和琢磨这些差别，从而使得语言的运用符合具体执法文书的语体风格的要求。以语体的风格为标准，我们可将执法文书分为四类。

1. 执法文书中的对话语体　在笔录式文书中最常见的一种语体。口语表达较为随意，具有通俗、简短、灵活的特点。通常，口语表达中有较多的省略句，非正式用语的使用也较为频繁，而且会出现众多不合语法规则和随心所欲的词类活用。如问："你向×××购进××注射液，一盒多少钱?"答："一块三毛八"。这段问答中的回答就既是一句省略句，也使用的是非正式用语。诸如此类的现象在对话语体中表现明显，而执法文书作为一种书面语体应当是与此截然不同的，但是文书制作客观性的要求却使得其不可避免地呈现出口头语体的风格。对话体的笔录从如实记录的要求出发必然呈现出对话语体的风格，它将法律活动中的对话经过记录下来，由于记录对象的特殊性和留存、固定证据的制作目的的要求，决定了它不同于一般的对话语体。太过通俗的方言土语、庸俗不堪的黑话俗语在记录时应当删除；对话听得明白，但不符合语法规则难被人所理解的省略语句，完全别出心裁的词类活用，记录时不能照单全收，应当稍作修改或解释，让人看得明白。笔录的取舍过程，再加上记录的内容涉及法律活动，使得执法文书中的对话语体和其他口头语体之间划出了一道分界线，形成了对话体笔录的通俗灵活的风格。

2. 执法文书中的公文语体　多见于食品药品监督管理行政机关、食品药品检验机构制作的、表明自己意见和结论的执法文书中。这些文书遣词造句必须认真推敲，力求使用正式的书面用语，日常所使用的生活用语应该为法律术语所替代。它们庄重、规范、鲜明的特点，反映了执法文书语体本质的风格特色，是典型的执法文书语体风格的显现。

3. 执法文书中的演说语体　常见于听证、行政复议、行政诉讼中行政事务承办人当庭发表的意见的执法文书中。执法文书应当着重于以理服人，通过充分地解说阐明事理和法理引起共鸣，使自己的观点和主张得到他人的认同。但是，执法文书在特定的场合应当适当表现情感，以情感人，更能发挥执法文书的宣传教育作用。如案件调查人员在法庭或者听证庭上发表的具有演说性质的案件调查意见，其辩护词、代理词中都免不了情感的表达，若想使自己的观点直接赢得他人——即有权作出最后裁决的主体的接受和赞同，那么，必然会注重语言的感染力和说服力，这就体现了执法文书演说语体的情理交融的风格。

4．执法文书中的应用语体　常见于各式各样的申请类或反驳类的执法文书中。因法定的权益受到侵害或者与人产生争议，争议主体为了寻求公正而合理合法的解决，往往需要制作各式各样的申请类或反驳类的执法文书，如行政复议申请书、答辩状、行政许可申请书等。这些文书由于制作者的个体因素的差异，制作文书时在语言运用方面各不相同，法律为了平等保护各方主体权利的需要，大多不对他们制作的文书提出过高要求。它们在语言运用上通俗自由或规范得体，语言表达详尽全面或简单概括，只要满足基本的法定形式要件，多半不会影响其制作目的的实现。这体现了执法文书应用语体的简约自由的风格。

## （三）执法文书语言的基本要求

执法文书的语言属于公文语体类型，可以从言语结构和表述结构两个方面对执法文书的语言提出要求。言语方面，包括对执法语言词语、句式结构和句法选择、篇章结构三个方面的不同要求。词语方面，特别强调对一些貌似相似却各具不同法律意义的词语的严格甄别与选用，如“可以”、“应当”、“必须”、“不能”、“不得”、“禁止”等；对一般词语的运用则要严格区分其含义、性质，适用范围和褒贬色彩诸方面的细微差别。句式结构方面多用并列结构和复杂同位成分，宁可牺牲“可读性”也要保证意义严密和内容完整；在句式选择方面，执法文书多用结构紧密又不带艺术色彩的句式。在篇章结构方面，执法文书特别要求结构完整、条理清晰；内容首尾一贯，前后一致；结构严谨、详略得当。此外，它本身还具有一些严格而特殊的程式，这些程式的各要素都包含着特定的法律事项或法律意义。表述方面，执法文书运用准确切实的概括叙述，简而得要、言之有序的说明和严密有力、无懈可击的论证。在风格结构上，执法文书语言一般不要求表现作者的个性，个人的语言风格如能体现也是极微弱的。执法文书语言运用应当做到：表意精确，解释单一；文字精炼，言简意赅；文风朴实，格调庄重；语言规范，语句规整；褒贬恰切，爱憎分明；语言诸忌，竭力避免。

1. 执法文书词语的要求

（1）应当确切清楚，一目了然，这是对执法文书词语运用的最基本要求　书面语体，包括文学作品，在语言表达上都要求清楚。但是，不同文体，清楚的内涵存在着差异。“满园春色关不住，一枝红杏出墙来”。其表达清楚、含义明白，但结合全诗和作者的写作背景来看，这两句诗的含义则远非字面之义那么简单明白，显得委婉曲折。执法文书中的清楚，是建立在准确贴切的基础上，它要求语言表达确切清楚、观点鲜明、明白易懂，能让普通阅读者从语词的一般意义上来理解其含义，并且能够较为容易地形成与制作者的表达意图相一致的理解。为了满足这一要求，制作执法文书时，多选用含义确定、界限分明的名词、动词和数量词来表现文书的内容，形容词、副词可被有选择地适用，感叹词则较少使用，从而表意明确，解释单一，避免给执法文书的理解和履行带来任何问题。确切清楚对不同类型的执法文书的要求是不同的，笔录式、报告式文书应当具体，才能达到确切清楚要求。如《现场检查笔录》记载：“经检查，该药店无证经营药品”。作者的意思已经清楚表达了，但不具体，没有将该药店无证经营药品的具体情况记录下来，就影响了这份现场检查笔录的证明力。

虽然大部分执法文书无需直接表达情感，以如实反映客观事实为原则，但仍可由词语本身体现出鲜明的倾向性和感情色彩。如：“××制药有限公司在停业整顿期间，仍继续生产了三个批次××注射液2862瓶，已售出300瓶，累计销售金额106000元，已构成了生产伪劣商品罪……”。其中“……在停业整顿期间，仍继续生产了……”体现了作者的鲜明倾向性和感情色彩。

（2）应当朴实、规范，用较少的言词表达出较大的信息量　朴实意味着执法文书应当通俗易懂，朴实无华。对于案件中的一切事实、情节都恰如其分、实事求是地反映，不能人为地夸大或缩小，尤其是归纳概括表述时，不能改变案件的性质，必须完全符合法律要求，无懈可击。在执法文书中，既要把整个事件经过、证据资料的占有、相关的理由和最终的观点与结论全面地展现出来，又要求语言平实、文字简练，因此制作时必须选用最能反映事物本质的词语。规范意味着选词严谨，组词造句、表情达意要遵守汉语的词语含义及语法规则；多使用正式用语，不使用方言、土语，不滥用外来词语，不生造词语，不使用已废用的古语词，正确使用法律术语。其中以法律术语的运用为关键，法律术语是立法机关用来表达法律概念的专门用语。使用法律术语，应当正确地理解相关法律术语，如“货值金额”、“销售金额”、“假药”、“劣药”、“标的”、“标价”等等。制作者必须具有一定的甚至是深厚的食品药品监督管理法律知识的积累，否则运用时可能出错，贻笑大方。在少数民族聚集地及多民族共同居住地区，根据实际工作需要，在制作执法文书时可使用当地通用的一种或几种文字，但也要求符合该语言文字的使用规则。

2．执法文书语句的要求

（1）以陈述句、判断句为主，多用主动语态进行表述　在执法文书中，一般要求客观地陈述行政事务的事实，或者说明理由、作出判断，因此行文多采用冷静中立的陈述句和判断句；在有节制地表现情感时，也可以通过反问句来增强力度；其他句式则较少使用，疑问句和感叹句应当慎用。执法文书为了便于理解，多用主动语态，即主语是动作或行为的发出者，或者以主动者为陈述对象的句子；被动语态，是指主语是动作或行为的支配对象，或者以被动者为陈述对象的句子。如：“××土特产公司购进5000瓶藿香正气水，已售出4500瓶，剩下500瓶被我局扣押。”这是一个复句，共三个分句，一、二个分句是主动语态，第三分句是被动语态。从语法上看，执法文书的语言常常带有多重定语或状语，但从来不出现定语后置或状语后置等现象，这是因为定状语的后置带有某种表情因素，类似于描绘手段。如：“申请人诉称：今年5月11日上午9时许，我在××市××农贸市场出售我自己种植的生晒参时，执法人员在未表明身份、未下达处罚决定、未列扣押清单的情况下，即认为我违法经营药品，强制扣押了我的生晒参23公斤、现金512元。请求撤销被告的违法行政行为，返还扣押物品。”该段文字句式并无多大变化，主要是陈述句，没有使用被动语态；并且出现了前置定语“未表明身份、未下达处罚决定、未列扣押清单”以界定到底是何种情况；语言表达清楚直接、准确规范，理解起来毫无障碍。

（2）句子结构完整，句与句之间讲求协调一致　合乎语法规范是造句的起码要求，是炼句的基础。不同体裁的语言对语句省略的使用频率是不相同的，文学语言常采用省略的方式，特别是省去人们早已熟知的内容，突出作者要表达的新思想、新观点，使语言更富有感染力。艺术化的语言，如诗歌、散文等文学体裁，省略句的运用十分突出。执法文书中也有省略，如上一个例子中的“请求撤销被告的违法行政行为，返还扣押物品。”就是省略句，省略了主语、宾语或状语。但是，省略能够使语义模糊，执法文书切忌随意省略。执法文书的每一个语句都应当符合语法规范、结构完整，一个完整的句子内部必须前后协调、逻辑合理。不然，容易导致含义令人费解或产生歧义。如××药业连锁有限公司销售假药单硝酸异山梨酯片一案的现场检查记录：“进货单位资质材料齐全，进货发票齐全”，由于句子结构不够完备，这里的“进货单位”指该公司所有药品的进货单位还是指假药单硝酸异山梨酯片的进货单位？假药单硝酸异山梨酯片有几个进货单位？“资质材料”指哪些材料？“进货发票齐全”，是指所有的进货发票都齐全，还是假药单硝酸异山梨酯片进货发票齐全？假药单硝酸异山梨酯片进了几次货，需要用“齐全”一词概括吗？令人无法决断。最后，从句与句之间的关系来看，也应该协调统一、层次分明。

语句有长句和短句之分，它们都会在执法文书中出现。短句，结构简单，用语较少、句子较短，表意较简洁、明快、有力，在各种执法文书语体中，多用短句。长句，使用的定语、状语较多，限制了概念的外延，增大了概念的内涵，表意比较严密、精确、细致，往往需要进行严密的法律推理论证，可通过句中套句等长句来阐述作者的观点、意见。

3. 执法文书语言的修辞

执法文书的语言以表现手段为主，较少运用语言的描绘手段。语言的表现手段多用于本义，有一说一，有二说二，不搞委婉含蓄、诙谐调侃，不故作惊人之语，更不追求形象的生动和辞藻的华丽，一般不使用比喻、借代、比拟、夸张、双关、反语、粘连等常见的积极修辞手法。但这并非意味着执法文书中没有或者不允许运用修辞手法，实际上，执法文书也讲究修辞，主要着力于消极修辞，注重词语的锤炼、语音的调配、句式的选择等。执法文书中最常见的几种修辞方法有模糊修辞、消极修辞等。

(1) 模糊修辞　执法文书的语言以精确为上，它追求的是准确和界限分明。然而在实际运用中，它无法排除模糊词语的出现。语言的模糊和精确对文书制作来说，都不可缺少。精确，是指意思明确、意义单一、内涵和外延特定的词语。如“证据，是指证明事件真实情况或者与行政事务有关事实是否存在的一切物质材料。”这一词语就属于精确词语。模糊词语，是指内涵无精确涵义、外延不特定的词语。在执法文书中，力求表达精确，但有时无法做到。对于已成为过去的事件和活动经过，即使技术手段再完备也难以分毫不差地再现；有时出于对效益的追求，也不会去花费不必要的代价查清每一细微的情况；另一方面，从实事求是的角度出发，对不知道的事情，我们不能胡乱猜测，随意下结论；这时，就需要使用模糊词语来进行修辞。模糊性与准确性是相对的，在特殊的情况下，模糊词语是准确性的必要补充，它们所体现的内涵反而是精确词语难以达到的，特定语境中的模糊恰恰是高层次的清晰。运用模糊修辞手法，有时还可以替代那些不能或者不适合直接在执法文书中出现的内容，使执法文书的语言更显庄重、文明。

在执法文书中，模糊修辞出现较为频繁的主要有：一是确定时空，如“下午3点许”、“距离××市第一医院大约100米处”、“其行为持续了一个多月”等等；二是界定数量，如“由于被申请人违法行政行为，给我方造成经济损失达人民币20多万元”等；三是表现程度和性状，如“导致被害人严重烧伤”、“申请人自己亦负有一定的责任”、“后果极其严重”等。必须注意的是，运用模糊词语应当遵循一定的原则，一要求有相对确定的范围的限定，如上述例证中大多如此；二不能影响最终的处理结果，否则会令人难以作出决断。

（2）消极修辞　法律文书的表达主要有叙述、议论和说明，一般禁用描写或抒情的表达方式。因为法律文书具有高度的严肃性，旨在以理服人，而非以情感人，这是法律文书表达的重要特点。对于那些积极的修辞手法，特别是富有艺术感染力的夸张、拟人、婉曲、反语等含蓄委婉、曲折表意的辞格，必须杜绝。但是为了语言更加准确、周密、有力，文书中也会采用一些消极修辞的辞格，如排比、对偶、层递、引用、顶针等。尤其对于具有情感因素的法律演说词而言，消极修辞手法的运用必不可少。如行政复议、行政诉讼中的答辩书，为了阐明申请书、起诉书中的错误，就会直接引用对方文书中存在明显错误的原文来进行反驳。在展开论辩之时也往往会注意前后照应，层层递进。而运用排比和对偶不但无损于文书语言的准确和规范，反而会使语言显得更为凝重和庄严。

此外，一些文言词汇比如“诉诸”、“遂”、“系”字句的运用，以及结构固定的四字句如“不予支持”、“于法无据”等等，能使行文更加简洁，在执法文书中亦可归于修辞手法的运用。所有这些，都要求执法文书制作者必须树立严谨朴实的文风，具备一定的语言文字功底，甚至较深的文学素养。

## 第三节　执法文书的各组成部分

### 一、执法文书中的书写案由、事由

#### （一）书写案由、事由的概念

执法文书中书写案由、事由，是指制作主体以认定的事实为根据，依照实体法的有关规定，以体现案件、事件的性质为内容，在执法文书中写明案件、事件的名称。

每一种行政事务都有其特定的性质，而这一性质是由特定案件、事件的事实和相应的法律规定决定的。执法文书作为一种非规范性的法律文件，它是针对具体的行政事务而作出的，它所反映的内容是对行政事务事实的认定，对理由的论证和将法律适用于具体行政事务，其根本目的在于解决案件、事件中存在的实体问题和程序问题。每一种行政事务都是依据法律确定的，因此，必须依据相应的法律，确立每一个行政事务的特定性质，作出正确、合法的处理。如果，不依照每一个案件、事件的个性和相应的法律规定去确定案件、事件的性质，就不可能明白是什么案件、事件，那么对具体的行政事务适用法律无从进行，对案件、事件的处理无从着手，执法文书的功能也就难以实现。因此，书写案由、事由应当体现各个案件、事件所属的法律特征。如×××无证经营药品案、不服××市食品药品监督管理局处罚决定案、颁发××医药公司药品经营许可证等。

任何法律都是依据科学性原则制定的，社会主义法律的科学性更加突出。我国法律在广泛征求意见，民主集中，集中民主，反复多次的基础上，对各种法律行为和法律关系的性质作了科学的规定。但是，法律是一种普遍性的行为规范，执法文书将这种普遍性的规范适用到具体的案件、事件之中，必须以法律规定的案件、事件的性质为依据，对具体案情，对案件、事件的内容进行高度的概括，使案件、事件的性质在执法文书中得到具体的体现。正确书写案由、事由是准确适用法律的必要，是依法处理案件、事件的重要前提，也是依法行政保证办理行政事务的质量的一个重要方面。

### （二）书写案由、事由的法律特征

书写案由、事由的法律特征主要有以下几点：

1．客观性　法律的适用都是以一定的客观事实为依据的，书写案由、事由作为执法文书中适用法律前提条件之一，同样必须以特定案件、事件的事实的存在作为客观基础，客观性是书写案由、事由的首要特征。

2．合法性　执法文书并不包容任何社会现象，只有当这一社会现象符合了法律所规定的要件时，才由执法文书来加以反映，这种情况集中反映在执法文书中案由、事由的书写。案由、事由是案件、事件的性质的集中体现，是各种法律关系的综合反映。书写案由、事由在客观事实存在的前提之下，必须与法律的规定相符合；没有法律的规定，所书写的案由、事由便不具有合法性。

3．认定性　书写案由、事由，体现了执法文书的制作主体对特定案件、事件的性质的认定。制作主体在法律规定的范围之内，认定案件、事件的性质，是制作主体行使法定权利、履行法定义务的一种法律行为。正确认定案件、事件的性质，合法地书写案由、事由，是制作主体对案件、事件进行反复认识的结果，体现了制作主体对法律适用的认识程度。认定案件、事件性质的目的，主要是能够针对特定的案件、事件的事实，准确地适用法律，解决实际存在的法律问题。因此，书写案由、事由必须准确、清楚，体现制作主体对案件、事件的性质和名称的认定，才能选择正确的法律途径解决实体问题或者程序问题。

4. 概括性　案由、事由从书面上看是案件、事件的名称。实际上，它是制作主体根据案件、事件的事实和法律规定，对案件、事件的各种行为或法律关系经过分析比较，正确认定案件、事件性质后，运用最简洁的语言，对案件、事件的性质作出的高度概括。这一概括体现在两个方面：其一，是对案件、事件事实的高度概括；其二，是对案件、事件的法律特征的高度概括。任何事实只有符合了法律规定的特征，才能构成具体的行政事务；法定特征是多方面的，而案由、事由书写则是对行政事务的法律特征多方面内容的高度概括。

### （三）执法文书与书写案由、事由的关系

案由、事由是执法文书的必备内容之一，它是执法文书的制作主体对案件、事件的性质的高度概括和认定，是制作主体履行职责、行使权利的体现，因此，它鲜明、集中地体现了执法文书职能。执法文书则是案由、事由内容的整体反映，是案由、事由内容的具体化叙述。

1. 执法文书必须书写案由、事由，这是执法文书本身的特定要求　准确、合法地书写案由、事由，是执法文书的必备内容之一，是执法文书合法性的重要标志之一。执法文书是办理行政事务的产物，要正确合法地办理行政事务，就必须对行政事务的性质所表现出来的案件、事件的名称进行准确地断定，并准确无误地书写在执法文书之中，以明确执法文书所针对的对象、包含的内容、适用的法律和处理的种类。从一定程度上说，案由、事由的界定也是为各制作主体的工作范围、步骤、内容作出准确的

限定，为执法工作的开展提供前提和条件。如果执法文书中不书写案由、事由，那么，就无法认清案件、事件的性质，案件、事件的事实也就无法认定，适用法律也就无从进行，对具体的案件、事件的处理也就无从着手了。

2. 书写案由、事由，是执法文书的制作主体对案件、事件的性质高度概括的体现　因为案件、事件的事实是纷繁复杂的，涉及的法律规定条文繁多，法律性质各异，执法文书必须根据特定的案件、事件，依照有关法律规定，用最简明、最概括的语言，写明案件、事件的名称。案件、事件的名称的书写，一方面表明执法文书对案件、事件的性质的认定，另一方面也为案件、事件的处理的范围和执法文书中法律的适用提供了基础和方向。

3. 案由、事由的书写，是执法文书的制作主体对案件、事件的性质的认定　制作主体认定案件、事件的性质的行为，必须在法律规定的职权范围内进行，每一类执法文书中的案由、事由书写，都是其所属的制作主体行使职权的体现，也是执法文书功能的一个方面。

4. 案由、事由是以最简明的语言对案件、事件性质的高度概括　案由、事由必须依据相应的法律规定，用最简洁的语言，准确表达案件、事件的性质，而执法文书则是案由、事由内容的具体化表述，是案由、事由的具体反映。

（四）执法文书对书写案由、事由的要求

1. 依据客观事实书写案由、事由　人的认识产生于对客观事物的分析、研究的基础之上，客观事实的存在是书写案由的基础。书写案由体现了制作主体对客观事实分析、研究的结果，是对客观事实的认识。不以客观存在的事实作为书写案由的基础，离开了对客观事实的认识，所书写的案由、事由就丧失了正确的前提和条件。任何案由、事由都是客观事实在法律上的反映，无视客观事实，案由、事由的书写就不失去了合法依据。因此，依据客观存在的事实，在正确认识客观事实的基础上书写案由、事由，是案由、事由具有科学性的标志之一。

2．依据法律规定，书写案由、事由　任何案由、事由虽然表现为抽象的名称，但都是一定的客观事实在法律上的体现，因此，书写的案由、事由必须完整体现其所蕴涵的法律内容，达到事实和法律的统一。食品药品监督管理行政事务的案由、事由，决定于食品药品监督管理行政法律关系的存在和食品药品监督管理的行政管理法律行为存在，只有依据食品药品监督管理法律规定，理清各种行为或法律关系，并进行综合归纳，使事实符合食品药品监督管理法律要件，才能准确地书写案由、事由。

3．依法律规定的表现形式书写案由、事由　任何案由、事由都是依据法律明文的规定，不得随意杜撰案由、事由，随意生造法律名词。法律名词都是以一定的事实为依据、以一定的科学性原则制定、并以高度简洁的词语表现出来、以反映案件、事件的性质为内容的，因此它具有稳定性的特点。因此，书写案由、事由必须符合法律规定的表现形式。

## 二、执法文书中的事实

在食品药品监督管理活动中，各种法律关系的产生、发展，争议的形成与持续无不表现为一定的事实。反映到执法文书中，事实成为提出请求和作出决定的基础和前提；事实不清甚至缺乏，对请求者而言，其申请被拒之门外或者得不到支持；对裁决者而言，其处理的正当性与公正性会受到质疑。在相关执法文书中，事实所占篇幅较大，其表述是否合乎要求，直接影响执法文书的质量和行政行为的公信力。

### （一）事实的概念

1．事实的含义　从字面含义来看，事实是指事件的客观真实情况。但是，在日常生活和学术研究中，事实一语是多义的，它既可以指发生和存在的现象及状态，也可以指现象或状态背后的原因；在某些情形下，事实是讲述者叙述的一个真伪有待证明的事情经过。人们常说，英美法系是“陪审团决定事实问题，法官决定法律问题”。这时，事实又成为与法律规范相对应的一个概念。

2．法律事实的含义　法律事实是指法律所规定的能够引起法律关系的产生、变更或消灭的具体条件和事实根据。它是一种必须用证据加以证明的事实。法律事实是事实的一种，但它不同于一般意义上的事实，有了法律才会有法律事实；经过法律的规范和调整，普通的事实变成了法律事实。随着社会交往的日益频繁和深入，交往范围的不断扩展，法律规范和调整的事实范围也越来越大，更多的一般意义上的事实成为了法律事实。

3．执法文书中事实的表达　执法文书中的事实皆为法律事实，在行政执法活动中不同主体所表述的事实皆为“过去时”，即属于历史的事实。对过去时态法律事实的呈现主要受到表述者、法律规范等方面的限制。

（1）表述者方面的限制　对法律事实的认知需要人们凭借自身的感官去感知，这就使得法律事实的呈现与法律事实表述者的个体因素密切相关。个体因素主要表现在两个方面：一是表述者观察和认知法律事实的角度。站在不同的角度观察同一个法律事实，由于观察的全面或者片面、深入或者肤浅，不同的观察者传达出来的信息不可能完全相同；而从自身需求出发来认知法律事实和从客观公正的角度出发去认知法律事实，也会得出不尽相同的结论。二是表述者理解和表达法律事实的能力。每一个体有着不同的知识水平和专业背景、不同的成长环境和文化传承，对发生在身边与自身紧密相关的法律事实会有自己独特的理解视角。而且，法律事实要为他人所知，必须凭借语言媒介传递出来，语言素养高低相异的人，其表述的准确、完整和清晰程度的差距是十分显著的。

(2) 法律规范方面的制约　食品药品监督管理行政执法活动属于法律规范和调整的对象，各类主体必须遵守相应的法律规定，参与食品药品监督管理活动。各种法律活动都是在一定的时间和空间范围内进行的，为了满足对程序公正和效益的平衡追求，它还要受到时空条件的限制。所以，法律事实的表达应当遵循相应法律规范的要求，否则，即使表述者个人素养再好，他所表述的事实也会因为不符合法律规定而不被接受。在制作执法文书时，人们必须依据相关法律规定，选择那些既能为实现自己的制作目的服务又符合法律规定的事实进行表述。

4. 叙述事实的概念　叙述事实是指执法文书用文字形式真实反映具有法律规定内容并为了适用法律或实现某种法律目的的客观存在，也就是将法律关系及其产生、发展、变更或消灭的前后经过述说出来。叙述事实从其狭义内容上说，仅仅是食品药品监督管理行政机关按照法定程序，在执法文书中适用法律，对案件、事件事实作出客观认定和准确表述。广义上的叙述事实还包括公民、公民间、公民与法人间、法人与法人间，以及特定的职能部门、非法人团体等依法为实现具有某种法律意义目的，在执法文书里对客观存在的表述或认定。在执法实践中，叙述事实的主体不仅仅是食品药品监督管理行政机关，还有行政相对人、其他当事人和另一些特定的部门，如药品检验报告书、合同、委托书、赠与书、律师事务文书等文书的制作主体。

5. 执法文书与叙述事实关系　法律的适用必须要有一定的法律事实存在作为前提，没有事实，就不存在法律的适用。在办理行政事务过程中，适用法律就是针对特定的法律事实适用与这种事实相对应的法律，经过食品药品监督管理行政机关的调整，得到这种事实的法律结果。法律的适用离不开执法文书，在执法文书中对法律事实的叙述就显得必不可少。绝大多数的执法文书都有叙述事实部分，叙述事实是这些执法文书的一项主要内容，叙述事实的好坏直接关系到整个文书的质量，也体现了行政执法工作质量的高低。

执法文书中的叙述事实的目的有两种，一种是行政机关为了法律的适用，从而强制性地实施立法的目的，如行政处罚、行政强制等。另一种则是制作主体为证明某种法律意思、某种法律事实的存在，权利的处分，或者某一法律关系的确立、变更、消灭等。因此，对执法文书叙述事实的理解除了抓住共同点外，还要区分各自不同的特点和要求。只有这样，在各种执法文书叙述事实中，才能抓住要领，符合法律规定，从而产生实际的法律效果。当然，执法实践中认定事实与执法文书中叙述事实并不是完全等同的，正确地认定事实是准确地叙述事实的前提，准确地叙述事实又是正确认定事实的凭证。叙述事实是执法工作中很关键的一步，错误地叙述事实或不符合要求地叙述事实，既反映不出执法工作的真实情况，甚至会造成“冤假错案”。

6. 不同主体叙述事实的特点　食品药品监督管理行政机关叙述事实的过程是一个间接认定客观存在的过程，叙述事实作为对行政事务科学处理的客观依据，它属于一种具有必然法律后果效应的表述，有着严格的程序要求，并需要有充分确实的证据加以印证。叙述事实是为了适用法律，正确处理行政执法有关事务。叙述事实既要公正客观认定，又要按行政执法的要求有选择、有重点作出表述。非行政机关叙述事实，其主体是食品药品监督管理行政机关以外的公民、法人和其他组织。叙述事实大部分是直接反映客观存在，也有间接认定客观存在，在表述上不可避免带有制作主体的主观性。由于法律的规定不能包罗万象，客观存在的状况形形色色，这类叙述事实具有不规范性，程序要求不高，其后果不具有必然的法律后果效应。

### （二）叙述事实的常用方法

叙述事实按叙述方式不同，可分为记叙性叙述事实、说明性叙述事实、描述性叙述事实。记叙性叙述事实是指运用记叙的手段把具有法律意义的人物的经历或事物的发展变化过程表述出来的一种叙述方式；说明性叙述事实是指用言简意赅的文字，对事物的性质、状态、特征、成因、关系等进行解释、介绍，或表述人物经历、身份等情况的一种表达方式，如对被调查人身份事项的说明、证据及附注事项的说明、听证权利事项的说明、现场状况的说明等；描述性叙述事实是用准确、具体、简要、生动的笔法对人物特征、事物状况、形态等表述出来的一种叙述方式，如调查终结报告中对违法行为的特征描述、现场检查笔录中对现场某些方面的描述等。记叙性叙述事实是执法文书叙述事实中的基本方法，按照记叙的角度及方法不同，分为自然顺序法、分段叙述法、突出重点法、综合归纳法、纵横交错法。由于叙述对象即法律事实的千变万化，在具体的记叙角度和方法上应当因事制宜、不拘一格，选择最好的角度和方法，突出需要叙述法律事实的个体特点。

1. 自然顺序法　又称时间顺序法，即以时间推移为线索，按照事物发生、变更、发展、结果的自然顺序进行记叙。这是执法文书中记叙性叙述事实中最常用也是最基本写法，其他的记叙性叙述事实都与这种写法配套或以这种写法为基本方式变化出来的。自然顺序法多用于具有一个独立完整情节的法律事实，无论行政许可、行政处罚，还是行政复议，都可以运用这种方式展现事实内容。它可以脉络清晰地将争议从开始到结局全面呈现，并且不易导致理解上的阻碍。

2. 分段叙述法　即分几个文字段落，各自按照自然顺序记叙法律事实。一般先写争议的事实，并与争议理由结合起来写，内容概括，文字简练；后写认定的事实，内容详细，表述具体。在分段叙述中应当注意全部内容的前后协调和完整，做到将所有的叙述连接起来能够构成争议和认定的法律事实的全貌。这种方法尤其适合于历时长、内容复杂的纠纷。

3．突出重点法　即将法律事实中的重点事实放在突出的地位来记叙，如将主要违法行为放在首要位置突出记叙和共同违法行为中围绕主要违法行为人的违法事实兼带次要违法行为人的违法事实记叙。这种记叙方法往往和自然顺序法、分段叙述或综合归纳法结合使用，多用于一人作案多次，且多次作有明显的轻重情节区别的、一人数个违法行为、多人共同违法等符合上述条件的事实叙述。

4．综合归纳法　又称概括叙述法，即对情况复杂、情节零乱的同类性质的法律事实，以简洁的笔墨，求同存异地概括叙述。一般不宜单独使用，应配合其他叙述方法使用。

5．纵横交错法　即一方面从纵向叙述法律事实的发展变化及来龙去脉；另一方面交错叙述法律事实的横断面情况，如双方争执的意见和焦点等。这种有纵有横，纵横结合进行的记叙方法，就是纵横交错法，多用于有法律关系存在的双方当事人之间产生的争议的法律事实叙述或者一些特定的行政案件的事实叙述。

行政复议案件，既要叙述纠纷的起因、发展和结果，也要体现双方当事人的意见和主张，同时又须力求简明扼要、层次清楚。为了达到这一目的，可以采用纵横交错的方法。运用该法常先从横向分两方面分别交代对立双方的情况；接着从纵向方面讲述双方当事人法律关系的产生；然后又从横向展开争议的法律关系的内容；再以时间为序，纵向推进纠纷的发生、发展和后果；最后横向展开相关细节和双方的分歧。这样，来龙去脉便清清楚楚。

### （三）执法文书对叙述事实的要求

法律事实是制作执法文书的基础，只有事实叙述清楚准确，才能在此基础上进行分析说理，从而得出合理合法的处理结论。执法文书中叙述事实的总要求是：法律事实的来龙去脉、发展变化过程、因果联系及当事人的法律责任要叙述清楚。还要做到：事实要素完备、关键情节具体、因果关系明确、脉络层次清楚。

1．按法定要求叙述事实　执法文书叙述事实必须严格按法律规定内容叙写，更确切地说，凡是以适用法律为目的而叙述事实，其事实内容都须符合法定要求，也就是叙述哪种法律事实，就得以规定这种法律事实相对应的法规条文作为依据。在制作执法文书之前，根据要叙述的事实性质找出这一事实相对应的法律规定，然后按照法律规定的要求，在众多的法律事实材料里选择执法文书中要用的法律事实，即抓住时间、地点、人物、原因（动机、目的）、情节、手段、结果诸叙述事实的要素叙述。比如一份销售假药的行政处罚决定书的事实叙述，就应该按照《中华人民共和国药品管理法》的规定要求，一般按照时间顺序详细记述违法行为人销售假药的整个过程，通过违法行为发生时间和地点、人物、事件起因、购进与销售假药的途径、数量、金额、具体情节和手段、结果（后果）等事实要素来说明违法行为人确有销售假药行为，这样的叙述事实才符合要求。

依法适当叙述事实，是指在某些执法文书，如法律声明、合同，以及公民、法人书写的各类申请书等文书中，除了按法律规定内容叙述事实外，还可以有一定的主观随意性和客观灵活性，但是也不能在总体上违反法律规定而胡编乱造、虚构事实。

2．写出的法律事实必须真实、客观，符合法律事实的性质　凡是在执法文书中叙述的每一法律事实，都应该有正面的或反面的、直接的或间接的、原始的或传来的人证、物证、书证等证据予以充分确凿地印证，证明所叙述的法律事实是客观真实的，或者应该是文书制作主体亲身实践后的结果，即叙述的具体法律事实是叙述主体自己查证属实的。叙述事实绝不能没有根据，凭叙述主体的主观猜测胡编乱造；或者道听途说，随意引用。叙述的事实要有特点，必须符合法律事实的性质，要突出由法律规定的行为人行为所产生的法律事实的行为构成要件，即行政法律关系构成要件。只有抓住了行为人行为的法定的构成要件，叙述的事实才能正确反映事实的法律性质，从而体现出执法文书的制作特点。

3．以叙事为主，叙事要素齐备　执法文书叙事常见，专门写人则极为少见。虽然任何法律关系中都有人的参与，主体要素不可缺少，但对法律事实的陈述重在事件经过及结果。制作主体应当把具体情况真实地反映出来，把各种关系交待清楚。即使其中涉及人物的身份情况，一般简单说明即可。叙述事实要交代清楚时间、地点、人物、事件的起因、经过、情节、手段和结果等必备要素。法律事实性质不同，叙述要素包括的具体方面也有所不同。如行政处罚案件中记叙违法事实的要素是：实施违法行为的时间、地点、行为人、案件的起因、行为经过（包括情节和手段）、行为的后果以及行为人事后的态度和涉及的人与事等，这些叙述要素的表述应当结合具体的案件事实，有所区别。行政许可叙述事实侧重于行政许可申请人是否达到法定许可条件的具体情况。

4．叙事清楚直接，概括简练　执法文书叙述事实应当开门见山，直接切入正题，直陈其事。必须将因果关系交待得清楚明白，使人读之易懂。行为人实施的行为和实际后果之间是否存在着因果关系，对于明确争议的性质和行为人责任的有无及大小有着重要意义。如医疗机构或者药品经营企业，在不知情且无过错的情况下，销售了假劣药品，其间的因果关系应通过事实叙述直接表现出来。与此同时，发生争议的当事人之间、当事人与食品药品监督管理行政机关或其他组织之间以及食品药品监督管理行政机关或其他组织相互之间对同一争议的认识很可能不相一致，有时甚至会出现原则性的分歧。对这些分歧或争执焦点，在进行叙述时必须加以表现，并在此基础上提出自己的观点和看法。这意味着执法文书中的事实叙述必须做到能让普通阅读者在无需借助背景材料的情况下明了文书所涉及之法律关系的性质到底是什么，此种法律关系是如何发生、发展、变更和消灭的。对于所有文体，概括叙述和具体叙述都是必不可少的，但在不同文体之中这两者的运用比例大不相同。在执法文书中，叙述事实蕴涵了法的适用，是一种以法律规范为中心的叙事，只需要按照所适用的法律规范将相关事实叙述清楚，使人知之信之即可，不应在细枝末节上作过多的纠缠。不过对于直接影响和涉及最后处理结果的情节，即有关定性定量的情节则应该具体详细地叙述。法律规范要求执法文书中的事实务必客观真实，能够运用证据加以证明。在这一点上执法文书与其他文体明显不同，执法文书的力量和感人之处就在于深藏其中的实事求是的精神和对公平正义的执着追求。

5. 言简意赅、用语确切无误，主次分明、脉络清晰、重点突出、详略得当，反映法律事实的全貌。

## 三、执法文书中的证据

时间的不可逆性使得食品药品监督管理活动中的法律事实一去不复返。这不同于自然科学规律的发现，人们无法经由重复的科学实验再现那些需要确认的法律事实，只能依靠有限的证据去回溯、复原、证明曾经发生的事实，以此来了解过去到底发生了什么事。在食品药品监督管理行政事务中，对于相关事项的最终解决，证据都必不可少。证据在执法文书中举足轻重，我们极有必要对它在文书中的表现方式进行研讨，使之更好地得以体现。

### （一）证据和证据的作用

1. 证据的概念和分类　法学界对证据概念的界定尚无定论，在行政执法中，我们认为：证据是指证明事件真实情况或者与行政事务有关事实是否存在的一切物质材料。

《中华人民共和国行政诉讼法》第三十一条规定："证据有以下几种：（一）书证；（二）物证；（三）视听资料；（四）证人证

言；（五）当事人的陈述；（六）鉴定结论；（七）勘验笔录、现场笔录。”立法所规定的这些证据种类即为证据的法定形式，一定的物质资料只有与此相吻合才能成为证据。执法文书中对具体的证据进行类属划分时，必须服从于上述法条所确定的类别。

理论上依据不同的标准，可对证据进行不同的分类，它有助于我们认识和把握各种证据的不同特点，在执法文书中更好地体现出证据的证明作用。以证据的来源为标准，可将证据划分为原始证据和传来证据。直接来源于证明对象或原始出处的证据是原始证据，如书证的原本，物证的原物等。非直接来源于证明对象或原始出处，而是经过转述、复制或转抄的证据是传来证据，如书证的复印件等。原始证据的证明力往往大于传来证据。在执法文书中不仅应当表明证据从何处收集、调查而来，还要说明证据本身的来源，以确定证据的证明力。

以证据与证明对象的关系为标准，可将证据划分为直接证据和间接证据。直接证据，是指能单独、直接地证明行政执法主要事实的证据。间接证据，是指不能单独、直接而需要与其他证据相结合才能证明行政执法主要事实的证据。运用间接证据进行证明时，必须具备一定的数量，形成一个证据锁链；证据之间以及证据与证明对象之间应当协调一致，不能相互矛盾。执法文书中表现间接证据的证明作用不能只作简单罗列，而必须具体分析，理清它们与证明对象之间以及相互之间的关系。

以证据对争议双方事实主张的证明作用为标准，可将证据划分为本证和反证。本证，是能证明一方主张的事实存在的证据。反证，是指能证明一方所主张的事实不存在的证据。制作执法文书时，对证据审核认定，需要特别注意此种分类对证明主体所应达到的证明结果的影响，并要详细加以说明。

以证据的表现形式为标准，可将证据划分为言词证据和实物证据。言词证据，是指以人的陈述为表现形式的证据。实物证据，是指以实物的形态为表现形式的证据。对于言词证据，执法文书要说明是何人所述，陈述者与争议事实关系如何，其陈述的内容又如何；对于实物证据，执法文书要说明从哪里得来，与争议事实具有何种联系，能说明什么问题。

2. 证据的作用　证据在处理食品药品监督管理行政事务过程中有着极为重要的作用，主要体现在以下方面：

(1) 证据是各类法律活动展开的基础　证据作为一种物质材料，是静态的，但它在行政事务中以动态的方式发挥应有的作用。证据是行政执法活动的启动器和继续进行的推进器，没有证据，食品药品监督管理行政执法活动无从开始；从证明角度看，行政执法的过程就是收集证据、运用证据和审查判断证据的过程。证据承载着有关行政执法活动的信息，来源于证明对象——法律事实，但又不等同于证明对象，它帮助人们发现和解读法律事实的真实情况，建立起一种关于过去事实的认识。借此，裁决者得以形成关于法律事实的最终结论，并依此作出决定。

(2) 证据是公正执法的基础　在食品药品监督管理行政执法活动中，证据是行政机关查明法律事实、作出正确决定的基础和依据。某一具体事实存在与否及状态如何，行政执法人员只能通过依法调查取证、审查判断证据，才能弄清真相。公正合法的决定只能建立在证据可靠的基础之上，没有证据的行政执法行为，其正义性、公平性很难得到保障。坚持依靠证据作出决定，可以避免以主观臆断或者其他不具有证明力的证据材料作为认定行政执法法律事实依据的现象；减少决定形成过程中带来的争议，限定决定形成者自由裁量的范围，增强行政执法行为的社会公信力，维护行政机关的权威。《最高人民法院关于行政诉讼证据若干问题的规定》第五十三条指出："人民法院裁判行政案件，应当以证据证明的案件事实为依据。"行政执法应当以经得起司法审查为标准，我们在行政执法活动中，必须以证据证明的法律事实为依据，执法文书如实反映了行政执法活动，证据就成为了执法文书不可缺少的重要组成部分。

### （二）阐明证据的概念和关系

1. 阐明证据的概念　阐明证据是指执法文书在叙述事实过程中或在叙述事实之后，对用以证明所认定的法律事实的证据材料作出科学、全面、具体的说明。在执法实践中，所有的法律事实都处于过去的状态，要确信和认定过去的法律事实，就必须用证据来证明。所以，阐明证据实际上是叙述事实的需要，它从法律逻辑角度证实叙述事实的客观性、真实性、可靠性，具有法律性、全面性、具体性、关联性的特征。

2. 执法文书与阐明证据的关系　证据来源于待证事实，是在行政执法过程中承载待证事实信息的物质材料。但它并不等同于事实，证据的证明力要求证据本身所承载的内容必须是客观的、真实的。对于需要表述证据的执法文书，制作者应当表明证据与待证事实之间的关系，强调证据内容的真实性。无论是对实物证据还是言词证据、直接证据还是间接证据、原始证据还是传来证据、本证还是反证，制作执法文书时，都必须本着客观、科学的态度反映其真实情况或体现其本质。

行政执法工作要以事实为根据，执法文书的制作要以法律事实作为基础，然而事实的认定是靠阐明证据来证实的，所以说阐明证据是执法文书制作的基础。没有证据，法律事实就不复存在；没有阐明证据，执法文书的制作也就是空中楼阁了。因此，阐明证据是执法文书的核心内容之一，执法文书是整体，阐明证据是局部，两者是整体与局部的关系。阐明证据的好坏，直接关系到执法文书的质量。

### （三）阐明证据的常用方法

在执法文书中，根据阐明证据的表述方式、证据证明事实的方法以及阐明证据的实际需要和可能，有以下几种常用方法：

1. 列举　它是指全部罗列各种证据或者将某一具体证据所

包含的内容一一陈列出来。列举分两种，即统一列举和逐一列举。统一列举，是指在全部事实叙述之后，统一将证明这些法律事实真实存在的证据材料列举说明。通常是用“上述事实，有……为证”单列一段文字列举，也有的在文书的附项里统一列举或另附表格列举的。如：“上述事实，有×××的调查笔录、陈述笔录，有证人×××、×××的证言，有××食品药品监督管理局的现场检查笔录、照片，有××药品检验所的检验报告书，有同案关系人的陈述笔录，有被××食品药品监督管理局扣押的部分××××假药，有××（机关、单位）对××××假药的核价证明……等人证、物证、书证为凭，并经听证质证属实，证据充分、确实。”

逐一举例，是指在某一事实叙述刚完毕，即将证明这一法律事实存在的证据材料随后说明；有的就在叙述事实的过程中，用“见附件……”、“详见……”等形式插入证据加以说明。如：“现场检查中发现××药店有如下违法情形：（一）门口悬挂“××药店”招牌（见附件一：照片001~003），不能提供《药品经营许可证》；（二）店内“U”柜台排满药品（见附件二：照片004~008），并有顾客选购药品；（三）柜台、抽屉查获销售单据8张（见附件三）；（四）柜台、仓库有药品253种，共576件（详见扣押物品清单）；（五）抽屉现金159.6元（见附件四：照片009）。”这里逐一列出了拥有行政处罚职权的行政机关对××药店现场检查中发现的该店无证经营药品的有关情形及现场所取得的证据，条理清晰，同时能使无证经营药品的有关情形与证据之间的关联性更强，证明力更为直观。

2．证明　它是指用证据的真实性和证据的来源说明法律事实真实存在的证据表述方式。采用这种表述方式前，必须通过查证和质证的方法，判断证据的证明力，加强证明的真实性。执法文书中，有时直接陈述书证内容来叙述事实，反证对方认定事实错误，就能产生良好的证明效果。

3．描摹　它是指对证据的外部形态或特征运用质朴的语言加以详细介绍。在执法文书中，这往往是为了体现证据的形式特征与争议的具体事实的关联以此来证明相关事实。如：该产品外包装为长方体纸板包装，包装盒主视图左上角标有杏林牌商标及“中国健康食品”中英文字样；中间标有隶体、烫金“蛤蚧精”三个大字并附有英文；右侧画有三只蛤蚧镂空图案；左侧为绿色山林背景图。正侧面视图右侧标有“杏林牌”商标，中间隶体烫金“蛤蚧精”三字，并标有“蛤蚧精”英文字样，用中英文分别标明中国福建××制药厂。后侧面用英文标明“蛤蚧精”字样。正侧面视图及后侧面视图底边、右侧面、左侧面均为墨绿色，中间及右侧为淡绿色。该“杏林牌”商标为椭圆形，椭圆形内用古藤组成“杏林”二字，椭圆形上印“杏林牌”三字，下印“XINGLIN”。该产品的包装的规格、材质、特征、装潢及商标与福建省××制药厂的蛤蚧精包装装潢、商标完全相同。

为了表明侵权行为是否存在，该文书对物证的外部形态用平实的语言加以描述，将证据的关联性融入其中，并确认了相关事实，既详尽又直观，达到了制作目的。

4．需要说明和可能说明　它们是按执法实践的需要以及某些法律事实证明可能性情况来划分的一种特殊的阐明证据类型。因为一些案件和一些法律事实涉及的证据材料、证据来源具有法律规定的保密性，在执法文书中不得列出，无法用客观证据材料来证明。所以，对这些法律事实的证明，只能用需要说明和可能说明了。这种表述类型在文书中没有强有力的证明力来证实叙述事实是客观真实的，因此应当严格限制在特定的案件和特定的法律事实范围内。

5．解释和分析　解释是指对专业色彩较为浓厚的证据内容进行阐述和解说，解释多用于普通人难以理解的专业证据。分析是指依据证据，通过论证和说明相结合的方法，形成一个明确的结论。分析呈现了证据证明争议事实的动态过程，多用于待证事实或者证据的证明力存在争议等情况。

### （四）证据的合法性对阐明证据的要求

证据的合法性也称为证据的法律性，是指证据从形式与来源上皆合乎法律规定，而且没有不被采纳的理由。最高人民法院《关于行政诉讼证据若干问题的规定》第五十五条第二款规定，法院应审查“证据的取得是否符合法律、法规、司法解释和规章的要求”。合法性主要从判断证据的外部形式特征是否合法的角度体现证据的属性。证据合法性的要求通常表现在如下方面：

1．证据外在形式的合法性　关于证据形式的法定性、程序法和实体法均有规定，但多见于实体法中。阐明的证据必须是经过法定程序科学认定的，如生效的判决书中列举的证据，都要说明“经当庭质证属实”就是一种法定程序要求。其次，阐明的证据必须是我国三部诉讼法中所列举的种类，并且要区别刑事证据、民事证据与行政证据的异同，不能混用。其三，阐明的证据内容和证明力要符合法定要求。

2．证据来源的合法性　证据来源的合法性实际上反映的是证据的程序性要求，它包括收集、调查、提供、保全以及审查判断各个环节。证据的价值只有通过一定的程序才能得以实现。为此，程序法设定了相关的程序规则，证据的整个运用过程必须遵循这些程序规则。如最高人民法院《关于民事诉讼证据的若干规定》第六十八条规定：“以侵害他人合法权益或者违反法律禁止性规定的方法取得的证据，不得作为认定案件事实的依据。”最高人民法院《关于行政诉讼证据若干问题的规定》第一条规定：“被告不提供或者无正当理由逾期提供证据的，视为被诉具体行政行为没有相应的证据。”

阐明证据的合法性，首先要在执法文书中明确说明证据的外在形式，确定证据的种类，以表明其与立法规定的何种证据形式相符合。还要表明证据的来源以及证据的收集和提取的经过，以体现证据是否合法。不具备合法性的证据应予排除，在相应的执法文书中分析说明该证据符合相应的法律具体条款规定的排除条件。我国立法中比较典型的证据排除规则是《中华人民共和国刑事诉讼法》第四十三条规定："严禁刑讯逼供和以威胁、引诱、欺骗以及其他非法的方法收集证据"。比如行政复议和行政诉讼中，法律对举证期限进行了限定，逾期举证行政复议机关或人民法院将不予采纳。当事人所举证据倘若属于此种情形，则行政复议决定书或者判决书中必须清楚讲明该证据无效的依据。

（五）执法文书对阐明证据的要求

1. 全面阐明证据　全面叙述事实也决定了全面阐明证据，阐明证据必须和叙述事实配套。凡是能够证明案件、事件真实情况的事实，包括正面的、反面的、直接的、间接的、原始的、传来的人证、物证、书证等客观存在都是证据。一个案件、事件的事实揭示，总有几个证据，甚至几十个、上百个证据。阐明证据，就是要将经过审核认定的证据，在执法文书（如案件调查终结报告）里配合叙述事实全面列出。如果一个案子的证据数量太多，在执法文书里也应该将主要证据一一写出，达到一定量的要求，这样才能全面可靠地证明案件事实的客观存在。证据引述要明确、具体，有证明的内容，不能笼统空洞，但也不必全文照抄，避免冗长、繁琐。如物证、书证要写明其具体名称、证据来源及证明的主要内容。

2. 阐明证据要注意关联性　证据的关联性，是指证据所包含的内容必须与待证事实之间存在着客观的联系，能够对其起到证明作用。关联性是证据的自然属性，它要求证据能够全部或部分地证明待证事实存在与否，即证据必须与待证事实之间具有证明关系。证据的关联性是决定证据价值的基本要素之一。

证据之所以能起到证明作用，就在于它们与待证事实或隐或显地彼此关联着，这种客观意义上的关联性却需要人们运用主观的认知能力加以判断。对于调查取证人员来说，关联性的制约促使其调查取证、运用证据时，谨慎地对相关证据加以取舍，与待证事实之间不具备客观联系的证据，或者无法认知关联性是否存在时，该证据应予排除。在审查判断证据时，必须如实地对证据进行评价，不能牵强附会地将证据和待证事实联系起来。执法文书必须对证据与证明对象的客观联系予以表明，而不是简单地将各种证据罗列出来。如果证据与证明对象之间的联系无法被认知，而需将证据排除的，执法文书应如实说明这一原由。

证据与待证事实之间的联系表现为多种形态，导致证据关联性的表现形式多种多样，既有因果联系、时空联系、偶然联系、必然联系、直接联系、间接联系，也有肯定联系和否定联系。证据既可以用来证明待证事实确实存在，也可以用来否定待证事实的发生。关联性表现形式的多样性决定了执法文书阐明证据时应注意具体分析，区别对待。

执法文书阐明证据应当具体，并有针对性，表现为一个动态的印证过程。在认定证据之时，应当充分注意证据的关联性，阐明证据应当表明认定的根据及结果。阐明的证据要表述证据与所证明的事实之间的联系，引述证据不能没有所证明的事实，叙述的事实也不能没有相对应的证据证明，叙述事实与阐明证据应形影不离，彼此统一。阐明的证据还要注意证据的锁链性，即证据之间的相互印证，尤其案件或者事件的事实认定主要是靠间接证据来证明的，更应当在引述证据时强调这个问题。应当做到证证相连、事证相印，这样，才能达到证据和证明经过表述完整和明确的要求。

## 四、执法文书中的理由

理由，是指办理事情的道理。在行政执法活动中，理由是指得出结论和提出观点的原因及依据。执法文书中的论证说理，又称为法律推理，通常被称为理由。执法文书的理由，是指制作主体运用语言文字，通过概念、判断和推理，将抽象概括的法律条文应用于具体的行政执法事项，从而得出结论的全过程。执法文书以严密的逻辑推理、精巧的法律论证说服人，理由介于事实和结论之间，它是法律文书结构中极其重要的组成部分，起到承上启下的作用，上承事实，下启结论，是将整篇文书连成一体的桥梁和纽带。它主要包括两大方面的内容：一是认定事实的理由，证明行政机关认定的法律事实是确凿无疑的；二是适用法律的理由，证明对行政执法事项的处理决定是合情、合理、合法的。

### （一）理由的要素

执法文书的理由从逻辑结构方面分析，由论题、论据和论证三个要素组成。

1．论题　在文章中通常称为论点，是指执法文书中的观点和意见，也就是制作主体对某一法律问题或事项进行判断后所得出的结论。执法文书中的论题必须合法，而且应尽可能合理。合法是指符合相关法律及其基本原则、基本理念。国务院《全面推进依法行政实施纲要》提出了合理行政的要求，合法而不合理的论题，尽管在大多数情况下为法律所允许，但难被人们所接受和认可，也往往无法在现实中得以实现；有时甚至从根本上违背了公平正义的观念。行政诉讼法中的显失公正就是从法律上对不合理的否定，制作主体在为执法文书立论时，应充分考虑论题的合理性。同时，论题必须具有可证性，无法论证的论题，其合法性、合理性无从体现，就不能被人们理解和接纳。因此，论题只有合法、合理，并具备可证性，才能说论题正确或者选择得当。

2．论据　它是指立论的根据和用来证明论题的证据材料。通常，在提出论题以后，必须举事实讲道理以证明论题，这些证明论题的事实和道理就是论据。执法文书的论据多种多样：法律事实、证据可以作为论据；法律条文、法学原理可以成为论据；

食品药品相关专业的理论、经验法则、社会情理、风俗习惯也能够成为论据。论据应当能充分有力地证明论题，使得观点与根据达成统一，因此，对论据的基本要求是真实明确，且与论题存在必然的逻辑联系。

3. 论证　它是指运用论据来证明论题真实可靠的论述过程。在执法文书中，论证就是依据所认定的事实来确定应当适用的法律法规，并依此推导出相关结论的过程。它是逻辑思维方法在行政执法领域的运用，制作主体应当在执法文书中将认定事实得出科学结论的整个过程清晰完整逻辑严密地呈现出来。

## （二）执法文书的逻辑运用

执法文书的理由的角度和方法灵活多样、纷繁复杂，可以从事实、证据方面说理，可以从法理、法定程序方面说理，也可以从正面或者反面说理等等。但究其本质，执法文书的理由是执法文书制作主体从法律事实到法律结论逻辑思维过程，执法文书的理由离不开逻辑运用。

1. 概念　执法文书的逻辑运用，是指在制作执法文书中利用研究思维形式结构及其规律的形式逻辑的原理和方法对案件、事件进行分析，论证，推导出正确的结论或处理意见的技能。逻辑是关于人类思维的规律、形式和方法的一门科学。人类凭借抽象思维认识客观世界，但是只有正确的思维才能正确地认识世界。正确思维就是具有一定规律性的思维，人们在长期的认识活动中，形成了许许多多的思维规律。逻辑运用可使执法文书的内容符合有关的法律规范、法学理论以及人情事理，提高执法文书的质量，充分发挥执法文书在食品药品监督管理行政事务中实施法律的工具作用。

2. 特征　执法文书逻辑运用的特征是概念明晰精当，推理缜密严谨。为了推理的科学缜密，还要注意遵循和运用同一律、不矛盾律、排中律、充足理由律等一系列基本思维规律。

（1）法律概念的精确性　概念，是指反映事物的本质属性和范围的思维形式，它是逻辑学研究的对象。在执法文书中，必然要包括众多的法律概念，法律的科学性和执法工作的严肃性决定了所有法律概念的精确性。法律概念的精确性体现为每个法律概念都有准确、特定的内涵和外延。在制作执法文书的过程中，必须弄清每个概念的内涵、外延。执法文书中概念的误用，究其原因，大多是对概念的内涵和外延不明确或者不甚了解造成的。因此，在执法文书制作中，我们应当用符合科学性、逻辑性、规范性的语词把有关概念明晰精当地一一表述出来。

为了运用概念的明晰、精当，在执法文书中要正确应用概念的概括和限制方法，例如许多执法文书首部都要详细写明当事人的姓名、性别、年龄、民族、籍贯、职业、住址等事项，就是在用各种属性限制当事人概念的外延，以免弄错对象。在认定案件、事件的性质时又往往进行概念的概括。

（2）判断的明晰性　判断，是指对于一定的对象有所断定的思维形式，通常表现为两个或者多个概念之间的联系。例如，我们把“知识”、“力量”这两个概念用“就是”联系起来而作出一个判断：“知识就是力量”。无论是关于调查取证、听证方面的文书，还是行政复议等方面文书，都要就证据、案情、法律关系和法律责任等作出判断。这些判断事关重大，特别要求恰当、准确、明晰，绝不能含混不清。为了使判断明晰，还要注意用恰当的形式来表达判断。在其他文体中，判断一般可以用陈述句、感叹句或反问句来表述，而在执法文书中，多用陈述句表述判断，不用或很少用感叹、反问的句式来表述。

（3）逻辑推理的严密性　逻辑推理有演绎推理、归纳推理、类比推理等方法，其中演绎推理是最常见、最重要的推理形式之一，它在法学理论和执法实践中具有极为重要的意义，它与执法文书的关系十分密切。从总体和客观上来看，所有的执法文书都是三段论演绎推理的运用。在这种推理中，法律规范是大前提，本案事实是小前提，最后得出的处理意见就是结论。由于执法工作的严肃性，执法文书三段论特别强调前提真实，推理形式正确，从而得出准确可靠的结论。

与语言相比，逻辑是无形的。但是凡是有语言的地方，必然存在逻辑。我们在运用语言制作执法文书的过程中，时时都在运用概念、判断与推理的思维方式。符合逻辑规律才能使文书气势通畅，合乎情理；如果违背逻辑原理，语言材料再丰富，写出来的执法文书必然不能达到预期的效果。因此，执法文书的逻辑运用要求制作主体在处理食品药品监督管理行政事务中，应当符合客观思维规律，依法说理，以理服人。语言与逻辑是构建执法文书的两大要素，语言是执法文书诸多思想观念的负载者，而逻辑则是贯通执法文书脉胳，使之顺理成章、合理合法的有效思维法则。

### （三）理由的类型和方法

1. 理由的类型　从逻辑角度着眼，执法文书的理由有证明分析式和反驳分析式两大类型。证明分析式，是指根据真实可靠的法律事实结合相应的法律规定，运用逻辑确定另一判断（己方的论题）的真实性的推理方式。证明分析式是执法文书中最常见、使用最广泛的一种法律推理类型，其思维结构通常为：其一，凡甲情况为乙性质（法律规定是大前提），丙事实为甲情况（法律事实是小前提），所以，丙事实为乙性质（法律结论）。其二，凡乙性质为丁结果（大前提），丙事实为乙性质（小前提），所以，丙事实为丁结果（结论）。其三，也可合并省略为：凡甲情况为乙性质，凡乙性质为丁结果（大前提），丙事实为甲情况（小前提），所以，丙事实为乙性质且丁结果（结论）。

反驳分析式，是指根据真实可靠的法律事实，结合相应的法律规定，运用逻辑否定另一判断（对方论题）的真实性的推理方式。这种推理的类型，多用于辩护词、代理词、答辩书等辩论类文书里，以及反诉状、上诉书等。反驳分析式的写作特征主要说明否定什么，不支持什么。

2. 论证理由的主要方法　论证说理的方法很多，应当在认真分析具体情况后仔细地作出选择，这里择要言之。

（1）引用论证法　又称为引证法，是指通过引用众所周知的法律条文、科学发现、无可争议的自然规律、历史事件等证明论题的真实性或正确性的推理方法。这是最常见的说理方法，例如，执法文书的制作主体可以引用法律条文，证明自己的论题；但条文本身是抽象概括的，必须对其内涵予以阐释，才能适用于具体的论题。阐释法律条文的含义可以是条文本身直接界定的，也可以援引相关司法解释，还可以运用权威解释或法理上的通说。如果是出现法律空白的新问题，难以寻找到上述依据，则制作主体可依据立法精神、基本原则等，依靠自身的积累，综合各方面的知识阐述自己的见解，以此为据，予以论证。

（2）举例论证法　又称为例证法，是指直接运用争议事实或相关事实证明论题真实性或正确性的推理方法。这种方法由于论证说理直截了当，容易为人们所理解，也是比较常见的说理方法。

（3）比喻论证法　又称喻证法，是指通过一个论题相近或相似的事例进行引喻，从而证明论题的真实性或正确性的推理方法。当直接从事实、法律和理论上进行论证难以明确表明看法或澄清道理之时多采用此法。使用此法，应特别注意清晰明确地表述用作比喻的事物与比喻对象之间的相近、相似之处，否则会适得其反。此方法在实践中用得不多，但不乏运用得当的先例。如一起因承包经营而被控犯罪的案件，公诉方指控中的一项是被告人制造两个假文件诈骗人民币 20 万元。两个“假文件”其实是两封便函，被告人供述这两封便函是发包方原法定代表人让他起草的，内容完全真实，便函上的公章是真的。但原法定代表人已经死亡，无法对证，公诉人斩钉截铁地认定这是假文件。在法庭辩论中，辩护律师从事实、法律和理论上反复论证，也还是无法说服对方。紧要关头，他用了一个比喻："私生子是不是假孩子？如果公诉人认为私生子就是假孩子，那么认定这两个文件是假文件似乎情有可原，否则就没有理由认定这两个文件是'假文件'。私生子无非是程序不合法，但生出来的仍然还是人，除非是狸猫换太子，才能说是假孩子，只要生出来的是人，你就不能说孩子是假的。"律师借私生子喻公诉人所称之"假文件"，既然私生子不是假孩子，那么程序不合法的文件就不是假文件。此论一出，真假文件之争就此结束，论证效果十分显著。

（4）反驳论证法　它是指出对方的论据和论题之间没有正确的逻辑联系的推理方法。反驳论证包括反驳论题和反驳论据，应当寻找并指出对方的论证说理中论题的错误或论据的虚假，然后据此进行反驳。论题的错误，是指由论据不能推出论题而导致的一种错误论证。可以直接指出对方的推理形式的错误，对此需要根据事实，援引法律进行合乎逻辑的推导，陈列错误，予以反驳；也可以按对方的推理方式导出荒谬结论以推翻对方的论证方式。对于虚假的论据，必须明确说出其错在何处，为何不足为凭，只有证明对方的论据是靠不住的，就等于釜底抽薪，对方的论题及其证明就不攻自破。这种方法常常用在辩护词、答辩书、上诉书、申诉书、抗诉书等文书，以及各类决定文书理由的批驳部分。

（5）归谬论证法　它是指先假设对方的论题是正确的，从而推论出非常明显的荒谬结论，推翻对方的论题的一种推理方法。这种方法技巧性较强，在法庭辩护中可以使用，而执法文书中应用甚少。

3．理由的角度　执法文书的理由应采用适当之方式并满足必要的条件，同时，还必须区分论证说理展开角度的差异，巧妙且适宜地使各种论证技巧为阐明道理服务。

（1）依法论理　执法文书的理由离不开法，不管选取何种论证方式展开论证，也不管是运用哪一种推理模式，都必须以法律规范为依据，将法律条文援引到一个具体案件，皆少不了法理分析，依法论理应当说理透彻。否则，理由难以成立。

(2) 依事论理　在办理行政执法事项中，除了法理外，必然还存在其他的道理，这些道理或与法理相通，或尚未上升为法理，它们拥有自己的特性。阐明法理，有时还不能将道理说明白，那么，就应当按照合理行政的要求，说透这些道理。依事论理以能被一位普通人认可为好。

(3) 依情论理　社会由人所组成，人性的基本要求和人与人之间复杂的关系产生各种社会情理。法律必须得到伦理道德的支持与维护，行政执法必须体现“以人为本”的立法宗旨，立党为公，执政为民。执法文书在法律推理过程中，援引情理说服人，以情论理才能打动人、感染人。

### (四) 执法文书对理由的要求

1. 执法文书与理由的关系　显然，执法文书与理由是整体与局部的关系，但是，理由是执法文书赖以制作成功的依据，是执法文书制作全过程中的最见功力的一笔。一份执法文书，如果没有充分必要的推理论证，缺乏逻辑性，就会直接影响执法文书的质量。即使该文书论据再确实充分，论题再正确完善，也难以体现执法文书的主旨，从而削弱执法文书的社会效果。执法文书的制作过程中，理由是由法律事实到法律结论的递进，起到了承上启下的作用，体现了执法文书制作主体的主观法律意识，反映出执法文书的法律结论是否存在足够的道理。执法文书有没有说服力，就看其理由充分不充分，理由蕴涵着执法文书制作主体的法学、文学、逻辑学、执法实践经验等各种知识的交融结晶，可以说是执法文书的灵魂。

2. 执法文书对理由的要求　执法文书的理由必须以认定无误的法律事实为依据，以涉及该法律事实相对应的法律规定为准绳，摆事实、讲道理，以事论理，以法论理，有理有据，符合逻辑，得出文书最终的法律结论。从法律推理的规则要求来看，执法文书中的论证说理不得违反充足理由律、不矛盾律、排他律等基本逻辑规律，亦不能出现前提虚假、外延不周等逻辑错误。写作理由部分时，应当注意说理顺序和上下文之间的衔接。总的来说应当充分、完整、全面，切实中肯，不流于空泛，语言精当、观点鲜明、条理清楚、层次分明。具体要求是：

（1）思路清晰、有迹可循　执法文书在论证说理时，若要使人明白和理解，制作者必须思路清晰，循着理清的思绪逐步深入。这样，就能使读者明了制作者的思维路径，亦步亦趋、畅通无碍地了解其看法，接受其意见。

（2）论述观点明确，合理合法；论据可靠，有据可查；论证有力，符合逻辑　执法文书确定了思路后，在此基础上的法律推理观点应该清晰明确，不能含糊，每一个评论观点应力求正确合法；同时，法律推理的事实根据和法律根据一定要真实可靠，在文书中有全面反映；要注意论证的展开是否逻辑严密、合理。有没有留下漏洞、有无强词夺理或以偏概全的情形，否则授人以柄，立论不稳，则说理无力，无法让人接受。

（3）个性突出、与案契合　实践中的每一个具体行政执法行为各不相同，执法文书论证说理应当与个案密切相连，紧扣主旨。无论是以案说法，还是情理交融，都不能脱离所要论证的对象。只有突出论证对象的个案特征，才能给人以鲜明的印象。否则，与案件、事件联系松散，毫无特点，即使全篇思路清楚、论证严谨，对于具体案件、事件来说，论证说理毫无意义。

## 五、执法文书中的法律依据

### （一）执法文书的法律依据适用与原则

1．概念　执法文书的法律依据适用又称援引法律条文，是指执法文书的制作主体在法律推理的过程中，为了说明制作文书的程序根据、法律事实的认定根据，以及法律结论的合法根据，而对有关法律条文的具体引用。

在执法文书的制作中，一般有法律推理内容的文书都要援引法律条文，执法文书的理由要根据具体情况，可以援引实体法条文和程序法条文，也可以只援引实体法条文或者只援引程序法条文。不同理由援引的法律条文其内容指向和作用也各有不同，有的援引的法律条文内容和作用是为确认事实的性质和分清行为人的责任；有的援引的法律条文内容和作用是为文书最后作出结论提供法律依据；有的援引的法律条文内容和作用是为符合制作该文书的程序要求。所以，法律依据也是执法文书制作中一个很值得研究的方面，它具有准确性、全面性、具体性的特征。

制作执法文书，正确引用法律依据具有十分重要的意义。首先，引用法律依据的问题涉及国家主权和尊严的问题。在涉外行政执法事项的各种文书制作过程中是适用本国法律还是适用外国法律，是对国家主权的一种态度，如果该引用我国法律却引用了他国法律则可能造成对国家主权的一种侵犯。其次，处理具体行政事务如果适用法律出现错误，既不利于国家法律的正确实施，也不利于保护公民、法人和其他组织的合法权益，立法的目的难以实现，各种复杂的社会冲突也难以有效解决。因此，正确引用法律依据体现民主法治精神，有利于维护社会不同主体的利益，使社会向有序化方向发展。

2. 食品药品监督管理法律渊源　它是指食品药品监督管理法律规范的外部表现形式和根本来源，有宪法、法律、行政法规、地方法规、自治条例和单行条例、部门规章和地方政府规章，还有司法解释、国际条约以及规范性文件。国际条约虽然不属于国内法范畴，但我国政府与外国签订或我国加入的国际条约，对于我国国内的国家机关、企事业单位、社会团体和公民具有与国内法一样的约束力。食品药品监督管理法律渊源是执法文书的法律依据的来源。

3. 法律规范冲突的适用原则　法律规范冲突本来属于国际私法学领域中的概念，但随着社会的发展和法律法规体系的逐渐扩大，被越来越多地引入国内法的适用领域。在行政执法中，常常遇到新法与旧法、一般法与专门法、行政法规和部门规章与地方法规和规章、此地方法规规章与彼地方法规规章等之间的不协调、不一致的地方。在个案中援引法律依据时，有时会遇到同一法律关系由两种或两种以上的法律规范调整，而这些规范之间并不一致，甚至相互矛盾。这时，适用原则有：法律优先、上位阶法优于下位阶法、新法优于旧法等。如果法律、法规、规章中有诸多选择或相互冲突的情况下，应当优先适用法律，而不能选择法规和规章为依据。如果相互冲突的规范是由不同级别的机关颁布的，那么应选择适用上级机关颁布的规范。如果相互冲突的规范是由一个机关颁布的，那么选择适用时应优先考虑时间靠后颁布的法律规范。

4. 法律依据的种类　根据援引法律条文的性质以及援引法律条文的内容和作用，执法文书中的援引法律条文可以分成：程序依据式、实体依据式、事实依据式、结论依据式、制作依据式五种类型。

(1) 程序依据式　它是指执法文书制作时援引的程序性条文，作为制作文书或作出文书结论的依据。执法文书的制作总是在特定的程序中进行的，无论是在办理行政事务还是在行政救济过程中，都需要作出相应的行为或结论，而这些相应的行为或结论必须有法律的依据，这种依据就是程序性依据。程序性依据不仅存在于程序法的规定中，在其他部门法中也有一些程序性规定。如《药品管理法实施条例》对开办药品生产、经营企业等行政许可的程序作了明确的规定。程序性依据在执法文书中的作用：一是执法文书的文种来源于程序法的规定；二是执法文书的内容必须援引相关的程序性条款。因此，程序性依据在执法文书制作过程中有着重要作用。

(2) 实体依据式　它是指执法文书中援引有关实体法条文作为确认事实性质或者作为结论依据。例如，行政处罚决定书中，作出处罚决定所援引的法律条文。

(3) 事实依据式　它是指执法文书中援引有关法律条文作为认定法律事实性质、责任的依据。凡是有叙述事实，且法律对该事实性质、责任有明文规定的执法文书都要适用该类型。

事实就是对客观存在的真实情况进行的一种再现。事实依据从法律规则的角度来看，可分为两类，一是实体性事实的依据。例如《中华人民共和国药品管理法》第七十五条规定："生产、销售劣药的，没收违法生产、销售的药品和违法所得，并处违法生产、销售药品货值金额一倍以上三倍以下的罚款；情节严重的，责令停产、停业整顿或者撤销药品批准证明文件、吊销《药品生产许可证》、《药品经营许可证》或者《医疗机构制剂许可证》；构成犯罪的，依法追究刑事责任。"这一条款对特定主体的特定行为事实进行了概括。特殊主体即生产、销售劣药者，特定行为即在客观上实施了违反法律规定、生产、销售劣药的行为。这一规定就成为生产、销售劣药一案执法文书制作时的事实依据。二是程序性事实依据。程序性事实主要是指办理行政事务所规定的能引起行政法律关系发生、变更或消灭的特定行为和事件。例如《中华人民共和国行政许可法》第三十二条第一款规定的五种情况就是行政机关对申请人提出的行政许可申请，作出处理的程序性的事实依据。而这些事实是程序法上的事实，这种事实与某一行政事务的实体处理结果相关的事实是不同的。

(4) 结论依据式　它是指执法文书中援引有关法律条文（包括实体法、程序法）作为作出文书结论的依据。结论既可能是某种意见也可能是某种决断，也可能是程序上的某种标志或实体上的某种后果。另外，结论依据既可以援引法律的一个条文，也援引不同法律不同的条文。

（5）制作依据式　它是指执法文书中援引有关程序法条文作为制作该文书程序的依据。适用情况可参考程序依据式。

（二）法律依据适用的要求

1．执法文书与援引法律条文的关系　援引法律条文是法律适用在执法文书中的具体体现，是执法文书的一项重要内容。除极少数如公告、公证书等尚无法律明文规定的执法文书以外，绝大多数的执法文书都必须有法律依据。援引法律条文实质上是为执法文书的主旨提供合法的依据，如果不援引法律条文，执法文书的制作、对法律事实的判定、文书的结论就缺少了法律依据，执法文书的制作主旨就丧失了合法的基础，执法文书就无“法”可言。因此，援引法律条文对执法文书来说，起了“画龙点睛”的作用。

2．执法文书对援引法律条文的要求

（1）援引法律条文要引用有关实体法和程序法　不能用宪法、党内政策性文件、领导讲话来替代法律，作为援引法律条文的内容。

（2）援引法律条文要准确、具体　具体的行政执法事项的法律依据是特定的法律条文，因此，援引法律条文必须准确无误或者说要贴切和恰当，不能张冠李戴，错误引用。援引法律条文要具体明确，写出引用法律条文的条、款、项、目。

（3）援引法律条文应当排列有序　在特定的行政执法事项中，由于事实、法律关系或者处理结果的复杂性，使得援引法律条款内容丰富。在制作一份文书时，可能既有程序法条款也有实体法条款，在引用不同位次法律规范时应按照一定的先后顺序来进行，不能出现杂乱无章的现象。援引法律条文的排列次序要求是：先主后次，即先援引适用于主要事实的法律条文，后援引适用于次要事实的法律条文。先援引实体性法律条文，后援引程序性法律条文；这是因为只有实体法的存在，才有法律程序的产生，程序是为实体服务的。按执法文书结论中的先后次序援引法律条文，即执法文书的结论在先，其依据条文也在先，或者称按作出处理结论的逻辑思维过程先后来决定法律条文的援引顺序。

（4）援引法律条文要完备周全　凡是确定法律事实性质、行为人责任的执法文书，其处理结论和制作该文书的程序所依据的所有法律条文都要一一援引，不能遗漏；同时，援引任何一项法律，都要写出该法律名称的全称，并用书名号括上，不能用简称。如：《中华人民共和国药品管理法》不能简称药品管理法，更不能简称药品法。

## 六、执法文书中的作出决定

### （一）作出决定的概念

执法文书中的作出决定，是指执法文书的制作主体在执法文书中写明的，适用法律对具体案件、事件作出的实体上或程序上的处理结论。

法律的制定和公布，关键在于切实贯彻和实施，否则便是一纸空文。而执法文书的根本作用，就在于保证法律的正确实施，是法律适用的重要环节。执法文书以特定的案件、事件作为自己所针对的对象和反映的内容，对案件、事件适用有关的法律，其目的就在于作出合法的处理决定，切实解决案件、事件存在的程序或实体问题，使法律得到实施。制作主体作出决定，必须遵循“以事实为根据，以法律为准绳”的原则，以确实存在的事实作为依据，核实有关证据，准确认定行政事务的事实，全面阐明行政事务的处理理由，正确适用与案件、事件有关的法律规定，依照自身的法定职责范围，对行政事务的实体或程序问题，做出切实可行的处理。而且，对案件、事件处理结论还必须全面、准确、具体地在执法文书中加以写明，这是执法文书完整性的体现，也是体现适用法律的结果。因此，执法文书中的作出决定是制作主体本身的特定要求，也是其法定职能的最具体、最直接、最完整的体现。

### （二）作出决定的法律特征

作出决定的法律特征主要有以下几点：

1. 职权性　执法文书中的作出决定，是制作主体依法行使其法定职权的集中体现。法律对每一种类的主体有权作出什么决定，都做了明确的规定，因此，在执法文书中写明对案件、事件的处理决定，是制作主体履行职责、行使权利的集中体现，而这一职责和权利又是以法律的规定为前提和条件的。所以，职权性是作出决定的法律特征之一。

2. 功能性　执法文书的功能就在于适用法律，对特定的案件、事件实体或程序问题作出处理决定，不具备这一功能，就不能称之为执法文书。各种执法文书作出决定，既是制作主体职权的体现，也是不同执法文书法定功能的发挥和具体反映。

3. 效力性　执法文书作为实施法律的重要工具，其法律效力也是较为明显的，尤其是食品药品监督管理行政机关制作的执法文书，如行政许可决定书、行政处罚决定书等。执法文书的制作主体就是通过制作执法文书对特定的案件、事件作出决定，以体现法律的严肃性和有效性。

### （三）执法文书与作出决定的关系

执法文书是制作主体适用法律对特定案件、事件作出决定的根本的途径、方式和表现形式，而作出决定是执法文书的必备内容，也是执法文书各项内容的归结点，是执法文书具有法律效力的最集中体现。同时，作出决定也是食品药品监督管理行政机关行政权的最集中反映，是执法文书合法性的重要标志。

1. 制作主体对行政事务作出决定，必须使用执法文书这一形式　执法文书是实施法律的重要工具，是法律适用到具体行政事务的体现。制作主体对特定的案件、事件作出处理，正是在法律规定的范围内实施法律，具体运用法律；这一实施法律的结果，必须要用一定的形式即执法文书表现出来。而作出决定，是执法文书最富有实质性的内容，也是执法文书最具法律性的内容。如果制作主体对特定的案件、事件作出的决定，不采用执法文书的形式加以表现，就失去了法律效力。因此，作出决定必须采用执法文书这一形式，只有这样，才能使执法文书的法律性质得到充分的展现。

2．作出决定是执法文书的必备内容，是其他各项内容的归结点　制作执法文书的目的，关键在于作出决定。执法文书中的事实认定、证据表述、理由阐述和法律条文援引，都是为作出决定提供前提和依据的。离开了这些前提和依据，作出决定就成了无源之水。因此，作出决定是执法文书其他各项内容的归结点，是事实、证据、理由和法律适用的归宿和结论。

3．作出决定是执法文书法律性最强的内容　执法文书是具有法律效力的文件，它的法律效力集中地体现在作出决定中。任何执法文书付诸执行或履行，必须有作出决定的内容，执法实践中的行政许可、行政处罚，都是以执法文书中作出的决定为执行对象的。作出决定集中体现了执法文书的法律效力和执法文书的法律性质。

4．作出决定是执法文书的制作主体行使法定职权的体现　制作主体在办理食品药品监督管理行政事务中，遵循“以事实为依据，以法律为准绳”的原则，依法制作执法文书，对特定的案件、事件作出处理结论，是其法定职权的行使。只有制作主体行使法定职权，对办理的行政事务作出决定，才是执法文书合法化的根本标志。

### （四）执法文书对作出决定的要求

1．依法作出决定　法律对办理食品药品监督管理行政事务都有明确的规定，这是执法文书作出决定的法律依据。作出决定是制作主体适用法律对具体行政事务作出处理结论，食品药品监督管理法律对行政事务的办理，无论实体上，还是程序上，都有明确的规定，因此，制作主体在执法文书中作出决定时，必须严格遵守法律的规定。

2．准确作出决定　执法文书中作出决定不但要符合法律规定，还必须准确表达。作出决定的名称书写要准确，作出决定的内容表达要准确。作出决定的内容是能够交付履行或执行的内容，必须准确写明。

3．全面作出决定　由于执法文书是用以解决特定的案件、事件的实体或程序问题，因此，执法文书中的作出决定，必须对案件、事件的实体或程序问题作出全面、完整的决定，不能遗漏。

4．具体作出决定　执法文书中作出决定都要付诸实施的，因此，必须具体、明确，不能笼统或含糊不清，以利于当事人的切实履行。

# 第二章　行政许可文书

食品药品监督管理行政许可文书，是指食品药品监督管理行政主体依法实施食品药品行政许可的过程中，为处理和解决相关问题而制作的具有法律效力或法律意义的法律文书。

在这个概念中，食品药品行政许可，是指食品药品监督管理行政主体根据行政相对人的申请，经依法审查，通过颁发许可证件或行政许可决定等形式，依法作出准予或者不准予特定的行政相对人从事食品药品特定活动的行政行为。食品药品质量直接关系社会公共安全，为了保证食品药品的质量，确保人民群众饮食用药安全，食品药品监督管理部门依法对药品的研制、生产、经营、使用等环节（食品目前主要是保健食品研制环节）进行有效控制，只允许符合条件者从事食品药品特定活动。目前，依法由食品药品监督管理行政主体实施的行政许可有100余项，其中国家食品药品监督管理局实施行政许可46项，可细分112项；省级局实施行政许可50余项；市、县局实施行政许可6~10项。可见，食品药品监督管理行政主体实施的行政许可数量大，种类多，因此，食品药品监督管理部门必须依法实施食品药品行政许可，严格把好食品药品的市场准入关，通过行政许可，对申请人药品食品研究、生产、经营能力、条件等进行审查，防止不具备该项药品食品研究、生产、经营条件的经济组织从事该项活动，防止疗效不确、不良反应大或者其他原因危害人体健康的药品进入市场，有效地保护人民群众饮食用药合法权益不受侵害。

行政许可是依申请的行政行为，食品药品监督管理行政主体实施行政许可，应当遵循公开、公平、公正的原则和便民效率的原则，必须依照法律规定的程序进行。除了即时办结的行政许可外，一般行政许可办理过程可分为申请、受理、审查、决定、送达、变更与延续六个阶段，在行政许可办理的各个阶段，都要制作和使用相应的行政许可文书，本章分三节介绍这些文书。食品药品监督管理行政主体通过行政许可文书，实施食品药品监督管理法律，依法审查行政相对人的申请，保证进入市场的食品药品的质量，维护人民身体健康和合法权益

## 第一节　许可申请、受理文书

### 一、申请材料签收单

#### （一）申请材料签收单的概念

申请材料签收单，是指行政机关接收申请人递交的申请材料的明细目录。它属于填写式文书，是双方交接申请材料的凭证。根据《中华人民共和国行政许可法》第三十二条第（四）项规定："申请材料不齐全或者不符合法定形式的，应当当场或者在五日内一次告知申请人需要补正的全部内容，逾期不告知的，自收到申请材料之日起即为受理"。因此，当行政机关逾期不告知时，申请人可将本文书作为受理凭证。

#### （二）文书结构及制作要求

申请材料签收单由首部、正文、尾部构成。

1. 首部　包括标题、文书编号和申请人姓名或者名称、申请事项。标题即文书种类名称，即"申请材料签收单"；文书编号写在标题的右下方，如（闽）食药市场申签［2006］013号，闽是福建省简称，食药表示是食品药品监督管理局，市场表示药品市场监管，申签表示文书种类名称，2006表示年份，013表示顺序号；申请事项与申请人应当依次写明申请事项名称、申请人

名称或者姓名、法定代表人（负责人）姓名、联系方式。申请人如果是法人或其他组织的，应写全称。

2．正文　依次填写申请材料名称、份数、页数。对于某项行政许可而言，申请材料目录基本相同，因此对该项行政许可申请材料目录可以预先印上，目录上的某种申请材料申请人没有递交的，可划去。如例文保健食品广告申请材料中，商标注册证有的产品有，有的产品没有，没有的即可划去。

3．尾部　申请人、申请材料签收人签名，并注明交接申请材料具体时间，盖上行政许可受理专用章。

（三）例文

××省食品药品监督管理局行政执法文书

## 申请材料签收单

（×）食药食监申签［2006］×××号

---

申请事项：保健食品广告审批　申请人：××保健食品厂

法定代表人（负责人）：程××　地址：××市××路××号

邮编：××××××　联系电话：×××××××××

| 序号 | 材料名称 | 份数 | 页数 | 备　注 |
|---|---|---|---|---|
| 01 | 《保健食品广告审查表》 | 5 | | |
| 02 | 与发布内容一致的样稿（样片、样带）电子化文件 | 1 | | 已与原件核对 |
| 03 | 保健食品批准证明文件复印件 | 1 | | 已与原件核对 |
| 04 | 保健食品生产企业的《卫生许可证》复印件 | 1 | | 已与原件核对 |
| 05 | 申请人《营业执照》（~~主体资格证明文件~~）复印件 | 1 | | 已与原件核对 |

续表

| 序号 | 材料名称 | 份数 | 页数 | 备　注 |
|---|---|---|---|---|
| 06 | 广告代办人《营业执照》（~~主体资格证明文件~~）复印件 | 1 | | 已与原件核对 |
| 07 | 广告代办人的相关的委托书原件 | 1 | | |
| 08 | 被委托人身份证复印件 | 1 | | 已与原件核对 |
| 09 | 保健食品的质量标准 | 1 | | 原件 |
| 10 | 保健食品的说明书 | 1 | | 原件 |
| 11 | 保健食品的标签 | 1 | | 原件 |
| 12 | 保健食品实际使用的包装 | 1 | | 原件 |
| 13 | 商标注册证复印件 | 1 | | 已与原件核对 |
| 14 | ~~专利证书复印件~~ | | | |
| 15 | 所提交的申请材料实质内容真实性的声明 | 1 | | 原件 |

以上申请材料已签收，自签收次日起5个工作日内告知是否受理或者是否需要补正资料。5日内未告知的，自收到申请材料之日起即为受理。

（××省食品药品监督管理局
行政许可受理专用章）

申请人：林×× 2006.5.13　签收人：李×× 2006.5.13

注：本文书一式三联，第一联存档，第二联受理中心留存，第三联交申请人。

**申请人应对其申请材料实质内容的真实性负责。**

## 二、补正材料通知书

### （一）补正材料通知书的概念

补正材料通知书，是指行政机关收到申请人的材料后，经形式审查，发现申请材料不齐全或者不符合法定形式的，通知申请人补充改正材料的文书。它属于填写式文书。根据《中华人民共和国行政许可法》第三十二条第四项规定："申请材料不齐全或者不符合法定形式的，应当当场或者在五日内一次告知申请人需要补正的全部材料，逾期不告知的，自收到申请材料之日起即为受理。"因此，行政机关收到申请材料后，进行形式审查的时限只有5日，发现申请材料不齐全或者不符合法定形式的，应当及时制作本文书，并将申请材料退还申请人，申请人按要求补正材料达到法定形式的，应当给予受理。

### （二）文书结构及制作要求

补正材料通知书由首部、正文、尾部、附项构成。

1．首部　包括标题、文书编号。

2．正文　包括申请人姓名或者名称、申请事项、需补正内容。需补正内容应当逐项填写清楚，如缺少的材料名称、数量等。

3．尾部　承办人签名，并盖上行政许可受理专用章，注明时间。

4．附项　该文书送达后，由接收人填写收到本通知书的时间并签字。

（三）例文

××省××市食品药品监督管理局行政执法文书

## 补正材料通知书

（×）食药市场补通字［2006］×××号

---

××大药房：

你（单位）提出的申领《药品经营许可证》申请，经形式审查，你（单位）提交的申请材料需要作如下补正，并将申请材料全部退还：

1．营业场所出租方的产权证明材料原件和复印件（原件核对后退回）；

2．营业员何××、兰××健康体检证明是2005年的，应当补上今年体检证明；

3．

4．

5．

请你（单位）按以上要求补正申请材料后，再向我局提出申请，申请时应提交全部申请材料，并附本通知书。

（××省××市食品药品监督管理局
行政许可受理专用章）

承办人：谢××　　　　　　　　二〇〇六年六月十六日

联系电话：×××××××××

---

本通知书已于2006年6月19日10时20分收到。

接收人签字：林××

---

注：本文书一式三联，第一联存档，第二联受理中心留存，第三联交申请人。

---

**申请人应对其申请材料实质内容的真实性负责**

## 三、受理通知书

### （一）受理通知书的概念

受理通知书，是指行政机关收到申请材料后，经形式审查，认为申请事项属于本行政机关职权范围，申请材料齐全、符合法定形式，或者申请人按照本行政机关的要求提交全部补正申请材料的，决定受理行政许可申请的文书。它属于填写式文书，行政机关决定受理行政许可申请，应当在收到申请材料次日起5日内，制作本文书送达申请人。

### （二）文书结构及制作要求

受理通知书由首部、正文、尾部、附项构成。

1．首部　包括标题、文书编号。

2．正文　包括申请人姓名或者名称、申请事项、实施行政许可时限。

3．尾部　受理承办人签名，并盖上行政许可受理专用章，注明时间。

4．附项　该文书送达后，由接收人填写收到本通知书的时间并签字。

### （三）例文

××省食品药品监督管理局行政执法文书

**受理通知书**

（×）食药人教受通［2006］×××号

---

高××：

你（单位）申请执业药师注册，经形式审查，申请材料齐全，符合法定形式，根据《中华人民共和国行政许可法》第三十二条第（五）

项的规定，决定予以受理。

该行政许可时限为20个工作日，从2006年10月18日开始。

凭此通知书到××市食品药品监督管理局人事教育科领取证件，特此告知。

联系电话：×××××××××

（××省食品药品监督管理局
行政许可受理专用章）

承办人：江××　　　　　　　　二〇〇六年十月十七日

---

本通知书已于2006年10月18日15时50分收到。

接收人签字：高××

---

注：本文书一式三联，第一联存档，第二联受理中心留存，第三联交申请人。

---

## 四、不予受理决定书

### （一）不予受理决定书的概念

不予受理决定书，是指行政机关对申请材料进行形式审查后，认为申请事项不属于本行政机关职权范围的，依法决定行政许可申请不予受理的文书。它属于填写式文书，行政机关决定行政许可申请不予受理，应当在收到申请材料次日起5日内，制作本文书送达申请人。

### （二）文书结构及制作要求

不予受理决定书由首部、正文、尾部、附项构成。

1. 首部　包括标题、文书编号。

2. 正文　包括申请人姓名或者名称、申请事项、不予受理理由、行政救济途径和期限。对不属于本机关职权范围的行政许可申请，应当告知申请人实施该项行政许可的行政机关名称。

3．尾部　受理承办人签名，并盖上行政许可受理专用章，注明时间。

4．附项　该文书送达后，由接收人填写收到本通知书的时间并签字。

（三）例文

××省××市食品药品监督管理局行政执法文书

**不予受理决定书**

（×）食药市场不受［2006］×××号

---

××医院　　：

你（单位）提出申请领取麻醉药品、第一类精神药品购用印鉴卡，经审核，依据《中华人民共和国行政许可法》第三十二条第（一）、（二）的规定，认为属于下列第2项情形，决定不予受理。

1．申请事项不需要取得行政许可；

2．申请事项不属于本部门职权范围，请向××市卫生局申请。

如不服本决定，可在接到本决定书之日起60日内依法向××省食品药品监督管理局申请行政复议；或3个月内向××人民法院提起行政诉讼。

（××省××市食品药品监督管理局
行政许可受理专用章）

承办人：李××　　　　二〇〇六年一月二十五日

---

本决定书已于2006年1月26日17时10分收到。

接收人签字：林××

---

注：本文书一式三联，第一联存档，第二联受理中心留存，第三联交申请人。

---

# 第二节 许可审查文书

## 一、补充材料通知书

### （一）补充材料通知书的概念

补充材料通知书，是指需要检验、检测、专家评审（技术审评）的行政许可受理后，在检验、检测、专家审评（技术审评）过程中，需要申请人补充材料、提供样品的，通知申请人所使用的文书。它属于填写式文书。

### （二）文书结构及制作要求

补充材料通知书由首部、正文、尾部、附项构成。

1. 首部 包括标题、文书编号。

2. 正文 包括申请人姓名或者名称、申请事项、需要补充材料目录和提要、补充材料时限、咨询和投诉电话。需要补充什么材料应当明确告知，若对补充材料有具体要求的，应当简明扼要。申请人补充材料时间，不计算在行政许可时限内。

3. 尾部 文书签发时间，并盖发文机关公章。

4. 附项 该文书送达后，由接收人填写收到本通知书的时间并签字。

## （三）例文

××省食品药品监督管理局行政执法文书

# 补充材料通知书

（×）食药安监充通［2006］×××号

---

××制药有限公司：

你（单位）申请《药品生产质量管理规范》认证，依据《中华人民共和国行政许可法》第四十五条之规定，经审查，需一次性补充以下材料：

1. 所有生产、检验用的检验仪器、仪表、量具、衡器的校验情况（原申报材料不齐全，且有的旧的衡器、量具长期未校验）；

2. 新增口服液车间涉及的品种批生产完整记录（包括物料、配制、制剂、包装、清场等全过程）的复印件。

3.

4.

5.

请你（单位）自收到本通知书之日起1个月内予以补充材料，补充材料时间不计算在行政许可时限内。逾期交付补充材料的，请到本机关受理中心重新申办。

你（单位）如对此有疑问或异议，可拨打咨询电话：×××××××××；或拨打投诉电话：×××××××××。

（××省食品药品监督管理局
行政许可专用章）
二〇〇六年六月二十八日

---

本通知书已于2006年6月30日11时15分收到。

接收人签字：黄××

---

注：本文书一式二联，第一联存档，第二联交申请人。

---

## 二、直接关系他人重大利益告知书

### （一）直接关系他人重大利益告知书的概念

直接关系他人重大利益告知书，是指食品药品行政机关对行政许可事项申请进行审查时，发现行政许可事项直接关系他人重大利益的，告知申请人、利害关系人使用的文书。它属于填写式文书，在对行政许可申请进行审查时，发现行政许可事项直接关系他人重大利益的，应当及时告知利害关系人。申请人、利害关系人有权进行陈述和申辩，有权要求听证。

### （二）文书结构及制作要求

行政许可直接关系他人重大利益告知书由首部、正文、尾部、附项构成。

1．首部　包括标题、文书编号。

2．正文　包括利害关系人姓名或者名称、申请人姓名或者名称、申请事项、联系方式。

3．尾部　文书签发时间，并盖发文机关公章。

4．附项　该文书送达后，由接收人填写收到本通知书的时间并签字。

### （三）例文

××省食品药品监督管理局行政执法文书

**直接关系他人重大利益告知书**

（×）食药注册直告［2006］×××号

---

××制药厂：

经查，××医院申请的舒肝灵颗粒剂注册，与你（单位）有直接重大利益关系，你（单位）有权进行陈述申辩或者要求举行听证。

你（单位）可拨打电话××××××××或者直接到本局申请陈述、申辩，也可在接到本告知书之日起5日内以书面形式向本局提出听证申请。逾期不提出申请，视为放弃要求听证的权利。听证费用由本局承担。

本机关地址：××市××路××号

联系人：汪××

（××省食品药品监督管理局
行政许可专用章）
二○○六年八月九日

---

本告知书已于2006年8月10日10时30分收到。

接收人签字：廖××

---

注：本文书一式三联，第一联存档，第二联受理中心留存，第三联交当事人。

---

## 三、陈述申辩通知书

### （一）陈述申辩通知书的概念

陈述申辩通知书，是指行政许可申请人、利害关系人向行政机关要求陈述申辩，行政机关通知申请人、利害关系人前来陈述申辩的文书。它属于填写式文书，食品药品行政机关对行政许可事项申请进行审查时，发现行政许可事项直接关系他人重大利益的，告知申请人、利害关系人后，申请人或者利害关系人要求陈述申辩的，行政机关应当及时制作本文书，通知他们前来陈述申辩。

### （二）文书结构及制作要求

陈述申辩通知书由首部、正文、尾部、附项构成。

1．首部　包括标题、文书编号。

2．正文　包括陈述申辩申请人姓名或者名称、申请时间、行政许可事项、进行陈述申辩时间和地点、联系方式。

3．尾部　文书签发时间，并盖发文机关公章。

4．附项　该文书送达后，由接收人填写收到本通知书的时间并签字。

（三）例文

××省食品药品监督管理局行政执法文书

**陈述申辩通知书**

（×）食药器械陈通［2006］×××号

××医疗器械有限公司：

你（单位）于2006年7月3日对××医疗器械厂的超声产科监护仪注册申请提出的陈述申辩申请我局已收悉。

请你（单位）于2006年7月5日8时30分到本局第三会议室进行陈述申辩。逾期视为放弃。

本局地址：××市××路××号　邮政编码：××××××

联系电话：×××××××××　联 系 人：刘××

（××省食品药品监督管理局
行政许可专用章）

二〇〇六年七月三日

本通知书已于2006年7月3日16时30分收到。

接收人签字：程××

注：本文书一式三联，第一联存档，第二联受理中心留存，第三联交当事人。

## 四、陈述申辩笔录

### （一）陈述申辩笔录的概念

陈述申辩笔录，是指行政机关接受申请人、利害关系人进行陈述和申辩时所作的文字记录。陈述申辩笔录属于记录话语的笔录式文书，采用问答式，必须当场制作，并请陈述申辩人当场核对，确认无误。

### （二）文书结构及制作要求

陈述申辩笔录由首部、正文、尾部构成。

1. 首部　包括标题、页码情况、陈述申辩人基本情况、承办人和记录人姓名、陈述申辩时间和地点。

2. 正文　笔录以问答方式，围绕行政许可事项可能对陈述申辩人合法权益产生影响的有关事实、证据进行问答，真实、全面地记录陈述申辩人对行政许可事项的意见，准确记录陈述申辩的原话原意。对陈述申辩人提出的新的事实和证据要记录完整。

3. 尾部　陈述申辩笔录经陈述申辩人核对无误后，陈述申辩人应当在笔录上逐页签字或者按指纹，并在笔录终了处注明对笔录真实性的意见，签字并注明日期。笔录修改处，应当由陈述申辩人签字或者按指纹。承办人和记录人也应签字并注明日期。

### （三）例文

××省食品药品监督管理局行政执法文书

**陈述申辩笔录**

共 1 页 第 1 页

---

陈述申辩人：凌××　性别：女　年龄：61　工作单位：××市××医院

职务：主任医师　联系地址：××市××路××号　邮编：××××××
联系电话：××××××××　陈述申辩地点：本局第五会议室
时间：2006年5月9日8时30分至9时10分　承办人：刘××
记录人：冷××

---

刘××：我们是××省食品药品监督管理局的执法人员刘××、冷××，执法证件名称、编号是：××省行政执法证×××××××××××、×××××××××××，我们依法就××市××医院牙痛水制剂再注册申请，听取你的陈述申辩，请你如实将有关情况告诉我们。

凌××：我是该医院主任医师，原担任口腔科主任，现已退休。该医院牙痛水是我1998年研制成功的，医院当时奖励我5000元，并于2001年获得省科学进步三等奖、省卫生厅二等奖（附上复印件）。我曾向医院要求牙痛水命名为“凌氏牙痛水”，并按牙痛水收入的百分之一给我提成，医院没有答应。我曾多次向省卫生厅反映，也没有结果。这次该制剂申请再注册，我认为这个制剂是我研制成功的，我应当拥有该制剂的知识产权，有命名权和收益权。医院未征求我的意见，就向贵局申请再注册，侵犯了我的合法权益，请贵局能够主持正义，还我公道。

刘××：你何时退休？

凌××：我去年退休，现医院仍聘我在口腔科帮忙。

刘××：当时，研制牙痛水费用是谁出的？

凌××：牙痛水是我根据几十年临床经验配制出的一种中药制剂，原来由我少量配制，自己使用，疗效很好，很受患者欢迎。1998年医院根据我的处方，在我的指导下，由制剂室配制，报经省卫生厅批准，成为医疗机构制剂。没花多少钱。

刘××：牙痛水研制成功后，有没有申请专利？

凌××：没有申请专利。

刘××：你还有其他情况需要陈述或申辩吗？

凌××：没有了。

以上笔录已阅，属实（凌××亲笔书写）。

陈述申辩人：凌××　　承办人：刘××　记录人：冷××

2006年5月9日　　2006年5月9日

---

## 五、听证通知书

### （一）听证通知书的概念

听证通知书，是指行政机关接受行政许可申请人、利害关系人的申请，在作出许可决定之前通知申请人、利害关系人参加听证会的文书。它属于填写式文书，行政机关收到听证申请后，应当在20日内组织听证，于举行听证的7日前制作本文书，将举行听证的时间、地点通知申请人、利害关系人，必要时予以公告。

### （二）文书结构及制作要求

听证通知书由首部、正文、尾部、附项构成。

1．首部　包括标题、文书编号。

2．正文　包括听证申请人姓名或者名称、听证申请时间、行政许可事项、举行听证时间和地点、联系方式。

3．尾部　文书签发时间，并盖发文机关公章。

4．附项　该文书送达后，由接收人填写收到本通知书的时间并签字。

### （三）例文

××省食品药品监督管理局行政执法文书

**听证通知书**

（×）食药注册听通［2006］×××号

---

××制药有限公司：

你（单位）于2006年3月10日对××医院活血舒心片注册申请提出听证申请，我局决定于2006年3月31日8时30分，在本局第二会议室举行听证。本次听证主持人为鲁××，书记员为黄××。

请你（单位）或委托代理人凭本通知书准时出席。如无故缺席，视为放弃听证。参加听证前，请做好如下准备：

1．携带身份证明和有关材料；

2．委托代理人须持委托书前来；

3．通知相关证人出席听证，并事先告知联系人；

4．如申请主持人、书记员回避，须及时通知联系人并书面说明理由。

联系人：黄××　联系电话：×××××××××

（××省食品药品监督管理局
行政许可专用章）

二〇〇六年三月二十二日

---

本通知书已于 2006 年 3 月 23 日 9 时 50 分收到。

接收人签字：林××

---

注：本文书一式三联，第一联存档，第二联受理中心留存，第三联交当事人。

---

## 六、听证笔录

### （一）听证笔录的概念

听证笔录，是指行政机关就行政许可事项举行听证时，对听证全过程的文字记录。它属于记录话语的笔录式文书，是对听证会参加人员的发言所作的客观记录。听证笔录应当按照法定格式填写，书记员要准确记录发言人的原意。

### （二）文书结构及制作要求

听证笔录由首部、正文、尾部构成。

1．首部　包括标题、页码情况、行政许可事项名称、听证时间和地点、听证参加人的基本情况，听证参加人包括当事人、委托代理人、第三人、行政许可事项承办人、听证会主持人、书记员等。

2．正文　听证笔录要按先后顺序记录听证会的全部活动过程及内容。主要包括：开始阶段、调查举证阶段、辩论阶段、陈述阶段的内容。

3．尾部　听证会结束后，书记员应核对笔录，编写笔录页码，然后将笔录交给听证会参加人员核对，在确认无误后请他们在笔录上逐页签名或按指纹，并在笔录终了处注明自己对笔录真实性的意见。如有认为笔录有错记或遗漏的，要当场修改和补充，并在修改和补充处签名或按指纹。如果遇当事人及其委托代理人拒绝签名的，由听证主持人在听证笔录上注明。

有委托代理人参加听证的，应当要求代理人提供有效授权委托书和身份证明文件，并在文书上如实记载。授权委托书和身份证件复印件（代理人签名）应该附卷。

（三）例文

××省食品药品监督管理局行政执法文书

## 听证笔录

共2页　第1页

行政许可事项：心血管中医专家诊疗系统注册

听证地点：本局第三会议室　时间：2006年6月27日8时30分至10时10分

申请人：××医疗器械有限公司

地址：××市××开发区　邮编：××××××

法定代表人：陈××　职务：董事长　性别：男

年龄：50　电话：×××××××××

委托代理人：周××　职务：开发部经理　性别：男

年龄：40　电话：×××××××××

工作单位：××医疗器械有限公司　地址：××市××开发区

利害关系人：赵××　职务：主任医师　性别：男　年龄：48

电话：×××××××××　工作单位：××市第一医院
地址：××市××路××号1楼305室
利害关系人：××开发有限公司　地址：××市××路××号
邮编：××××××
法定代表人：孟××　职务：总经理　性别：男
年龄：53　电话：×××××××××
委托代理人：邱××　职务：律师　性别：男　年龄：45
电话：×××××××××　工作单位：××律师事务所
地址：××市××路××号　行政许可承办人：林××
听证主持人：吴××　书记员：王××

王××：宣布听证会纪律（略）。

吴××：现核对听证参加人身份。经核对申请人的委托代理人周××、第二利害关系人的委托代理人邱××的委托权限都是特别授权（代为承认、放弃、或者变更听证请求）代理。

吴××：××医疗器械有限公司申请心血管中医专家诊疗系统注册听证会现在开始。本案由吴××担任听证主持人，王××担任书记员。现告知当事人在听证会上享有以下权利：(1) 要求或放弃听证；(2) 申请回避；(3) 进行陈述、申辩和质证；(4) 核对听证笔录。

当事人是否申请听证主持人和书记员回避？

陈××：不申请回避。

赵××：不申请回避。

孟××：不申请回避。

吴××：请行政许可承办人介绍心血管中医专家诊疗系统注册有关情况。

林××：申请人于今年5月8日向我局申请心血管中医专家诊疗系统注册，我们对申请材料进行了审查，据申请人项目介绍，该系统是申请人与××开发有限公司（以下简称开发公司）的合作项目，且依据赵××数十年的临床经验和诊疗方法。考虑到申请人申请的心血管中医专家诊疗系统注册，直接涉及赵××、开发公司的合法权益，5月30日，我们向赵××、开发公司发出直接关系他人重大利益告知书。6月5日，赵××向我局提出书面听证申请。

申请人或委托代理人：陈××、周××　2006.6.27
利害关系人或委托代理人：赵××　2006.6.27　孟××、邱××　2006.6.27
主持人、书记员：吴××、王××2006.6.27

## ××省食品药品监督管理局行政执法文书

## （听证笔录）副页



吴××：请第一利害关系人赵××提出申请听证的要求和理由。

赵××：我是××市第一医院医生，2000 年退休。2005 年 1 月，经我的同事林××医生介绍，我认识了××开发公司孟总，孟总认为我对心血管疾病的临床经验和诊疗方法是十分宝贵的财富，希望能制作成软件，只要输入"望、闻、问、切"及化验、心电图等相关资料，电脑即能开出相应的治疗方案及处方。双方商定：由开发公司提供软件编程技术人员，帮我将心血管疾病的临床经验和诊疗方法分类归纳，编写程序，由我临床验证，修正有关数据；制发过程费用由开发公司承担，开发公司另给我 10 万元补贴；系统成功后，申请专利，我和开发公司共同为专利权人。这是当时我与××开发公司订立的合同（向主持人递交合同）。2005 年 9 月，系统初成，通过我的学生周××、彭××等在省内外七家医院试用，试用期间，我根据反馈的意见，对系统做了多次调整和修正，2006 年 3 月 17 日，系统已趋成熟，以我和××开发公司名义申请专利，申请号××××××××××。目前，该项专利申请正进入实质审查阶段。开发公司与申请人之间合作拟生产该系统，我毫不知情，他们未经我同意申请注册该系统，侵犯了我的合法权益，请贵局秉公审理该项许可申请。

吴××：请第二利害关系人开发公司对赵××的指控，进行答辩。

孟××：赵××所说的是实情，该系统开发，我公司已经投入 100 多万元，为了尽快收回投资，取得效益，今年 4 月 27 日，我公司与申请人达成合作生产协议，申请人根据该协议申请注册该系统。其间，赵××和他的夫人一起到美国探望儿子，不在国内，多次联系不上，因此未能征求他的意见。我们可以通过协商解决有关争议。

吴××：请申请人进行答辩。

周××：我公司与××开发公司签订协议时，孟总已将赵医生出国等事项告诉我们，当时联系不上，不知赵医生何时回国，为了尽快将该系统投产，我们向贵局申请注册。赵医生提出异议，我们十分理解，我们希望通过协商解决争议。

吴××：赵医生，你对他们的答辩有何意见。

赵××：6 月 3 日我一回家，就接到贵局的通知，一时联系不上孟总，因此就向贵局提出听证申请。今天，他们都希望通过协商，解决争议，我同意与他们协商。

吴××：今天，争议三方都同意协商解决有关争议，请你们自行协商，达成一致意见后向我局报告。从赵××提出听证申请之日起至争议三方协商一致之日止，行政许可中止。争议三方还有意见需要陈述吗？

赵××：没有。

孟××：没有。

周××：没有。

吴××：我宣布听证会到此结束。

---

申请人或委托代理人：陈××、周××2006.6.27

利害关系人或委托代理人：赵×× 2006.6.27　孟××、邱×× 2006.6.27

主持人、书记员：吴×× 、王××2006.6.27

# 第三节　许可决定文书

## 一、行政许可决定审批表

### （一）行政许可决定审批表的概念

行政许可决定审批表，是指食品药品监督管理行政主体对申请人的申请，经依法审查，认为符合或者不符合该项行政许可的法定条件时，呈请主管领导批准准予或者不予行政许可的文书。它属于制作式内部文书。

依据《中华人民共和国行政许可法》第三十七条规定："行政机关对行政许可申请进行审查后，除当场作出行政许可决定的外，应当在法定期限内按照规定程序作出行政许可决定"。食品药品监督管理行政主体实施行政许可过程中，对申请人的申请进行审查后，向申请人出具《行政许可决定书》或者《不予行政许可决定书》之前，承办机构将审查意见呈报行政主体主管领导审批，必须制作《行政许可决定审批表》。这是必经程序，未经主管领导审批不能出具《行政许可决定书》或者《不予行政许可决定书》。本文书还可适用于同意还是不同意变更、撤回、注销、延续行政许可等决定事项的审批。

（二）文书结构及制作要求

行政许可决定审批表由首部、正文、尾部构成。

1．首部　包括标题、文书编号、申请人与申请事项基本情况。标题即文书种类名称，文书编号写在“行政许可决定审批表”标题的右下方，如（闽）食药许决审［2005］63 号，其中“闽”是福建省的简称。申请人与申请事项基本情况依次写明申请人名称或者姓名、法定代表人（负责人）姓名、联系方式、申请事项、受理日期。

2．正文　包括承办人意见和承办机构负责人意见两栏。承办人意见，要求承办人用简洁文笔介绍审查情况、审查意见和理由，承办人要亲笔签名，并注明日期。承办机构负责人意见着重对承办人的意见发表看法，可以同意承办人的意见，也可以不同意承办人意见，还可对承办人意见进行修正、补充或者进一步阐明理由。

承办人填写“承办人意见”时，承办人简要介绍审查情况时，着重介绍申请人是否符合法定条件的审查情况（如现场检查的情况），实施行政许可程序是否合法，写明是否同意许可的建议，说明拟同意（变更、撤回、注销、终止、延续）行政许可或者不予（变更、延续）行政许可的理由，并将相关证据材料和法律依据表述清楚。承办机构负责人意见与承办人意见不同的，承办机构负责人应当说明理由和依据。

3．尾部　是审批意见，由本机关主管领导写明审批意见，亲笔签名，并注明日期。

（三）例文

××省食品药品监督管理局行政执法文书

# 行政许可决定审批表

（×）食药安监许决审［2006］×××号

---

申请人：××制药有限股份公司　法定代表人（负责人）：周××
地址：××市××路××号　邮编：××××××　电话：×××××××××
申请事项：药品生产许可证　受理日期：2006年8月11日

---

承办人意见：受理后，我们对申请材料进行了审查，8月16~18日，会同××市局（即该公司所在地市局）林××、高××按《药品生产监督管理办法》和《药品生产质量管理规范》相关内容实施现场检查，该公司基本符合《药品生产监督管理办法》第四条规定的条件（见附件五《药品生产企业现场验收评审表》），对该公司质量检验部门负责人兼任针剂车间主任、仓库中不同物品区划标记不够显目等问题（见附件六《现场检查报告》），告知该公司后，经过整改，8月25日市局林××、高××现场查看已认可（见附件七“整改报告”）。我们在规定的期限内完成了现场检查、审查等项工作，依法履行了告知义务，程序合法。我们认为该公司验收合格，建议发给《药品生产许可证》。

签名：陈××、庄××
2006年8月30日

---

承办机构负责人意见：

同意承办人意见，拟发给该企业《药品生产许可证》。

签名：柯××
2006年8月30日

---

审批意见：

同意发给《药品生产许可证》。

主管领导：朱××
2006年9月1日

---

## 二、行政许可决定书

### （一）行政许可决定书的概念

行政许可决定书，是指食品药品监督管理行政主体对申请人的申请，经依法审查，认为符合该项行政许可的法定条件、标准的，依法作出准予行政许可决定的文书。

《中华人民共和国行政许可法》第三十八条第一款规定：“申请人的申请符合法定条件、标准的，行政机关应当依法作出准予行政许可的书面决定”。第三十九条：“行政机关作出准予行政许可的决定，需要颁发行政许可证件的，应当向申请人颁发加盖本行政机关印章的下列行政许可证件：（一）许可证、执照或者其他许可证书；（二）资格证、资质证或者其他合格证书；（三）行政机关的批准文件或者证明文件；（四）法律、法规规定的其他行政许可证件。”“行政机关实施检验、检测、检疫的，可以在检验、检测、检疫合格的设备、设施、产品、物品上加贴标签或者加盖检验、检测、检疫印章”。此外，药品管理法及其实施条例、医疗器械监督管理条例等法律法规及国家食品药品监督管理局制定的规章对不同行政许可的行政许可决定书的制作都作了相应的规定，涉及条款较多，不一一列举。可见，行政许可决定书品种繁多。行政许可决定书的格式主要有两种：一是证书类，如新药证书、医疗器械注册证、精神药物出口准许证等，证书类行政许可决定书属于填写式文书；二是批件类，如药品注册批件、国产保健食品变更批件、药品委托生产批件等，批件类行政许可决定书形式多样，有的是表格式文书，有的是填写式文书，也有是制作式文书。

### （二）文书结构及制作要求

行政许可决定书由于种类不同，结构不一样，一般仍由首部、正文、尾部、附项构成。

1．首部　包括标题、文书编号。标题即行政许可决定书的名称，文书编号写在标题的右下方。

2．正文　由于行政许可事项不同，内容差异较大，一般有行政许可事项名称、事项特征或者要素、行政许可内容、被许可人名称或姓名、地址、行政许可期限或者证件的有效期等。

3．尾部　文书签发时间，并盖上发文食品药品监督管理行政主体的公章。

4．附项　包括送达方式、送达地点和该文书送达后由接收人填写收到本通知书的时间并签字；选择邮寄送达的，接收人处填写邮寄挂号的编号及邮寄时间，并将挂号回执和邮寄凭证粘贴上。

（三）例文

××省××市食品药品监督管理局行政执法文书

## 行政许可决定书

（×）食药市场许决［2006］×××号

---

申请人：××药店　~~法定代表人~~（负责人）：徐××

地址：本市××路××号　邮编：××××××　电话：×××××××××

---

你（单位）申请筹建××药店，经依法审查，基本符合《中华人民共和国药品管理法》、《中华人民共和国药品管理法实施条例》、《药品经营许可证管理办法》有关规定的条件、标准，现依据《中华人民共和国行政许可法》第三十八条第一款的规定，作出予以行政许可的决定：同意在本市××路××号筹建××药店，申请人应当在批准之日起6个月内完成筹建××药店，向本局申请验收，逾期未申请验收的，本决定书自行废止。

××省××市食品药品监督管理局（公　章）

二〇〇六年三月六日

送达方式：☑ 当面送达 ☐ 邮寄送达
送达地点：××市食品药品监督管理局受理中心
签收人：许×× 送达时间：2006 年 3 月 7 日

注：本文书一式二联，第一联存档，第二联交申请人。

国家食品药品监督管理局

## 药物临床试验批件

原始编号：××××××
受理号：CXHL××××××
批件号：××××××

| | | | |
|---|---|---|---|
| 药物名称 | 玻璃酸钠凝胶 | | |
| 英文名/拉丁名 | Sodium Hyaluronate Gel | | |
| 剂型 | 凝胶剂 | 申请事项 | 新药 |
| 规格 | 5g：0.125g | 注册分类 | 化学药品第 3.3 类 |
| 申请人 | ××省××市××医药科技有限公司 | | |
| 审批结论 | 根据《中华人民共和国药品管理法》，经审查，本品符合药品注册管理的有关规定，同意本品进行临床试验。<br>申报生产时，对质量标准完善如下：<br>1）鉴于本品 pH 为中性，应更正项目“酸度”名称为“酸碱度”。<br>2）黏度：应修订“黏度”为“特性黏度”。 | | |
| 主送 | ××医药科技有限公司 | | |

| | |
|---|---|
| 抄送 | ××省药品监督管理局，××省药品检验所，国家食品药品监督管理局药品审评中心，国家食品药品监督管理局药品安全监管司 |
| 备注 | 本项临床试验应当在批准之日起 3 年内实施。逾期未实施的，本批件自行废止。 |

（国家食品药品监督管理局药品注册专用章）

二〇〇五年十二月六日

【副本】

国家食品药品监督管理局

# 药品包装用材料和容器注册证

# （Ⅰ类）

注册证号：国药包字××××××

根据《中华人民共和国药品管理法》和《药品包装用材料和容器管理办法》（暂行）的规定，兹批准下述企业的下述药品包装用材料和容器注册。

品种名称：聚丙烯输液瓶及内盖、外盖

规　　格：

企业名称：××省××市××药业有限公司

地　　址：××省××市××工业园区

备　　注：本证有效期至 2008 年 6 月 16 日

该注册证所列聚丙烯输液瓶仅供××省××市××药业有限公司生产，使用。

（国家食品药品监督管理局药品注册专用章）

二〇〇三年六月十七日

## 三、不予行政许可决定书

### （一）不予行政许可决定书的概念

不予行政许可决定书，是指食品药品监督管理行政主体对申请人的申请，经依法审查，认为不符合该项行政许可的法定条件、标准的，依法作出不予行政许可决定的文书。《中华人民共和国行政许可法》第三十八条第二款规定：“行政机关依法作出不予行政许可的书面决定的，应当说明理由，并告知申请人享有依法申请行政复议或者提起行政诉讼的权利”。《中华人民共和国行政许可法》第五十五条第三款规定：“行政机关根据检验、检测、检疫结果，作出不予行政许可决定的，应当书面说明不予行政许可所依据的技术标准、技术规范。”因此，不予行政许可决定书属于制作式文书，既要叙述申请人不符合该项行政许可的法定条件、标准的事实，还要阐述理由，如果根据检验、检测、检疫结果，作出不予行政许可决定的，应当书面说明不予行政许可所依据的技术标准、技术规范，并在此基础上作出结论。本文书还可适用于不予变更、不予延续等行政许可决定。

根据《中华人民共和国行政许可法》的规定，行政机关不予行政许可必须作出书面决定。但目前，仍有行政机关拒绝行政许可申请的，不制作不予行政许可决定书，而将申请材料直接退还申请人。当申请人申请行政复议、提起行政诉讼时，很难证明行政机关拒绝行政许可申请这一行政行为的存在，显然不利于保护申请人的合法权益。

在制作不予行政许可决定书中，一是，必须说明不予行政许可的理由和依据。应当在查证属实不符合该项行政许可的法定条件的事实的基础上阐述理由，注意避免出现理由与该项行政许可的法定条件或者事实脱钩的现象。二是，应当明确、具体地告知申请人不服本决定的救济途径，即何时、向谁申请行政复议或者提起行政诉讼，而不宜简单地以“不服本决定的，可依法申请行政复议、提起行政诉讼”应付了事。

## （二）文书结构及制作要求

不予行政许可决定书一般由首部、正文、尾部、附项构成。

1．首部　包括标题、文书编号、申请人基本情况。标题即不予行政许可决定书的名称，文书编号写在标题的右下方。申请人基本情况包括申请人姓名或名称和联系方式。申请人如果是法人或其他组织的，还应填写法定代表人或负责人姓名。联系方式应当写明通讯地址、邮编、联系电话。

2．正文　由于申请的行政许可事项不同，事实、依据差异较大，一般包括申请事项名称，不符合法定条件、标准的事实和依据，不予该项行政许可的理由，结论或决定，救济途径等。

3．尾部　文书签发时间，并盖上发文食品药品监督管理行政主体的公章。

4．附项　包括送达方式、送达地点和该文书送达后由接收人填写收到本决定书的时间并签字；选择邮寄送达的，接收人处填写邮寄挂号的编号及邮寄时间，并将挂号回执和邮寄凭证粘贴上。

## （三）例文

××省食品药品监督管理局行政执法文书

# 不予行政许可决定书

（×）食药市场不许决［2006］×××号

---

申请人：××医药公司　法定代表人（负责人）：林××

地址：××市××路××号　邮编：××××××　电话：××××××××

---

你（单位）申请《药品经营许可证》验收发证，经依法审查，下列情况不符合有关规定：公司只有一个执业药师，即担任质量负责人的陈××，学历为中专，不符合《中华人民共和国药品管理法》第十五条第（三）项、《药品经营许可证管理办法》第四条第一款第（三）项的规定。

依据《中华人民共和国行政许可法》第三十八条、《中华人民共和国药品管理法实施条例》第十一条、《药品经营许可证管理办法》第九条第（五）项的规定，对你（单位）的申请，决定如下：不予发证。

如不服本决定，可在接到本决定书之日起60日内依法向国家食品药品监督管理局或者××省人民政府申请行政复议；或3个月内向××人民法院提起行政诉讼。

××省食品药品监督管理局（公章）

二〇〇六年三月二十五日

---

送达方式：☑ 当面送达　☐ 邮寄送达

送达地点：××省食品药品监督管理局受理中心

签收人：陈××　送达时间：2006年3月26日

---

注：本文书一式二联，第一联存档，第二联交申请人。

---

国家食品药品监督管理局

# 审批意见通知件

原始编号：××××××

受理号：CXHS×××××××　　　　批件号：××××××

| | | | |
|---|---|---|---|
| 药物名称 | 药品通用名称：注射用复方二氯醋酸二异丙胺<br>英文名/拉丁名：Compound Diisopropylamine Dichloroacetate for Injection | | |
| 剂型 | 注射剂 | 申请事项 | 新药 |
| 规格 | 二氯醋酸二异丙胺20mg | 注册分类 | 化学药品 |

| | |
|---|---|
| 申请人 | ××省××市××制药有限公司 |
| 申请内容 | 药品注册 |
| 审批结论 | 经审查，鉴于已批准的静脉用复方二氯醋酸二异丙胺的用法用量（以二氯醋酸二异丙胺计）为：肌肉注射，一次40mg/次，1~2次/日；静脉注射：一次40mg/次，1~2次/日；静脉滴注，一次40~80mg/次，1~2次/日，用5%或10%葡萄糖溶液或0.9%氯化钠溶液稀释至适量（50~100ml），疗程请遵医嘱。本品规格（每瓶含二氯醋酸二异丙胺20mg和葡萄糖酸钠19mg）小于临床单次最低用量，作为改变剂型的药品注册，该规格疗效依据不足，故不批准本品注册。 |
| 主送 | ××省××市××制药有限公司 |
| 抄送 | ××省食品药品监督管理局，国家食品药品监督管理局药品审评中心 |
| 备注 | 如不服本审批意见，可以在收到本文件的10日内，向国家食品药品监督管理局申请复审；或者60日内向国家食品药品监督管理局申请行政复议；或者3个月内向北京市第一中级人民法院提起行政诉讼。 |

（国家食品药品监督管理局药品注册专用章）

二〇〇五年十二月三日

## 四、行政许可延期办理审批表

### （一）行政许可延期办理审批表的概念

行政许可延期办理审批表，是指实施行政许可过程中，出现了合理正当的客观原因，致使行政机关无法在规定的时间内办结行政许可事项，呈请主管领导批准办理延期的文书。行政许可延期办理审批表属于填写式内部文书。

《中华人民共和国行政许可法》第四十二条规定："除可以当场作出行政许可决定的外，行政机关应当自受理行政许可申请之日起二十日内作出行政许可决定。二十日内不能作出决定的，经本行政机关负责人批准，可以延长十日，并应当将延长期限的理由告知申请人。但是，法律、法规另有规定的，依照其规定。""依照本法第二十六条的规定，行政许可采取统一办理或者联合办理、集中办理的，办理的时间不得超过四十五日；四十五日内不能办结的，经本级人民政府负责人批准，可以延长十五日，并应当将延长期限的理由告知申请人。"

上述条款规定了延长行政许可办理期限的两种情形，一是，对情况复杂的行政许可，在 20 日内不能办结的，法律、法规可以规定更长的审查期限；二是，行政机关负责人可以批准适当地延长行政许可办理期限；本文书适用于第二种情形。适用本文书，延长行政许可办理期限的原因必须合理正当，主要有三种：一是因申请人的原因引起的，如申请人存在特殊情况，不能按照法律法规的一般规定办理，需要延长审查行政许可的期限才能判定有关事实的；二是，行政机关的原因造成的，如集中提出行政许可申请的行政许可申请数量过大、行政许可的实施机关人力不够，或者行政许可的实施机关因设备检修等原因不能在规定时间内完成审查行政许可申请的；三是，自然原因造成的，如行政许可实施机关审查过程中，因自然灾害原因致使其无法正常办公因而不能在有效期间内作出是否行政许可的决定等。

本文书的适用范围只限于一般期限的行政许可，对于法律、法规已经规定更长的审查期限行政许可，法律、法规没有规定可以延期办理的，不能适用本文书，随意延长行政许可办理期限。期限中的"日"是指工作日，计算日期时，应当扣除节假日。

### （二）文书结构及制作要求

行政许可延期办理审批表由首部、正文、尾部构成。

1. 首部　包括标题、文书编号、申请人与申请事项基本情况。标题即行政许可延期办理审批表，文书编号写在“行政许可延期办理审批表”标题的右下方，申请人与申请事项基本情况依次写明申请人名称或者姓名、法定代表人（负责人）姓名、联系方式、申请事项、受理日期。

2. 正文　包括承办人意见和承办机构负责人意见两栏。承办人意见，应当用简洁明了文笔说明延期办理的原因和理由，承办人要亲笔签名，并注明日期。承办机构负责人意见着重对承办人的意见发表看法，可以同意承办人的意见，也可以不同意承办人意见，还可对承办人意见进行修正、补充或者进一步阐明理由。

承办人填写“承办人意见”时，应当特别注意行政机关延期办理行政许可的原因和理由是否合理正当，行政机关延期办理行政许可的原因和理由是对整个行政机关而言，而不是对某个人。如果将承办人员出差、参加学习、病事假或者领导出差、出国考察等原因作为行政机关延期办理的理由，是不妥的。因为个别人员因公或者因私的原因，不能上班或者不能办理行政许可的有关事项，不等于整个行政机关不能办理行政许可。行政机关应当建立健全有关制度，解决个别人员因公或者因私的原因拖延办理行政许可的问题，把便民与效率原则落到实处。

3. 尾部　是审批意见，由本机关主管领导写明审批意见，亲笔签名，并注明日期。

（三）例文

××省食品药品监督管理局行政执法文书

## 行政许可延期办理审批表

（×）食药安监许延办审〔2006〕×××号

---

申请人：××制药有限公司　法定代表人（负责人）：黄××

地址：××市××路××号　邮编：××××××　电话：××××××××
申请事项：委托××省××制药厂生产复方氨基酸注射液
受理日期：2006年5月12日

---

承办人意见：因对受托方生产和质量保证条件的考核情况存疑，请受托方所在地××省食品药品监督管理局答复，不能在法定期限内（20日）办结。根据《中华人民共和国行政许可法》第四十二条第一款之规定，申请批准延长办理时限10日，即自2006年6月12日至6月23日。

签名：万××、王××
2006年6月9日

---

承办机构负责人意见：
同意承办人意见，呈请局领导批准延期。

签名：陈××
2006年6月10日

---

审批意见：
同意延期10日。

主管领导：金××
2006年6月10日

---

## 五、行政许可延期办理通知书

### （一）行政许可延期办理通知书的概念

行政许可延期办理通知书，是指办理行政许可过程中，出现了合理正当的客观原因，致使行政机关无法在规定的时间内办结行政许可事项，依法告知申请人延长办理期限及其理由的文书。行政许可延期办理通知书属于填写式文书。

本文书的适用依据同上款行政许可办理延期审批表，延期原因参见上款文书。

## （二）文书结构及制作要求

行政许可延期办理通知书由首部、正文、尾部和附项构成。

1．首部　包括标题和文书编号。标题即行政许可延期办理通知书，文书编号写在“行政许可延期办理通知书”标题的右下方。

2．正文　包括申请人姓名或者名称、申请事项、延期办理的理由、延长期限的准确日期。

3．尾部　文书签发时间，并盖上发文食品药品监督管理行政主体的公章。

4．附项　包括送达方式、送达地点和该文书送达后由接收人填写收到本通知书的时间并签字；选择邮寄送达的，接收人处填写邮寄挂号的编号及邮寄时间，并将挂号回执和邮寄凭证粘贴上。

## （三）例文

××省食品药品监督管理局行政执法文书

**行政许可延期办理通知书**

（×）食药食监延办通［2005］×××号

---

××奶业有限公司：

你（单位）向本局申请办理××牌牛初乳胶囊再注册事宜，因本局新接办保健食品注册审批工作，保健食品注册申请多，不能在法定期限（20个工作日）内审结。根据《中华人民共和国行政许可法》第四十二条第一款之规定，决定延长许可时限10个工作日，自2005年1月12日至2005年1月25日。

（××省食品药品监督管理局保健食品注册专用章）

二〇〇五年一月九日

---

送达方式：☑ 当面送达 □ 邮寄送达
送达地点：××省食品药品监督管理局受理中心
签收人：林×× 送达时间：2005年1月11日

---

注：本文书一式二联，第一联存档，第二联交申请人。

---

## 六、撤回（变更）行政许可决定书

### （一）撤回（变更）行政许可决定书的概念

撤回（变更）行政许可决定书，是指食品药品监督管理行政主体对已经生效的行政许可，因法定的原因，为了公共利益的需要，依法作出变更或者撤回该项行政许可决定的文书。它属于填写式文书。

《中华人民共和国行政许可法》第八条第二款规定："行政许可所依据的法律、法规、规章修改或者废止，或者准予行政许可所依据的客观情况发生重大变化的，为了公共利益的需要，行政机关可以依法变更或者撤回已经生效的行政许可。由此给公民、法人或者其他组织造成财产损失的，行政机关应当依法给予补偿。"公民、法人或者其他组织依法取得的行政许可受法律保护，行政机关不得擅自改变已经生效的行政许可。只有某项行政许可所依据的法律、法规、规章修改或者废止，或者准予行政许可所依据的客观情况发生重大变化的，为了公共利益的需要，食品药品监督管理行政机关可以制作本文书，依法变更或者撤回已经生效的行政许可。这是一种依职权的行政行为，不同于行政相对人申请变更行政许可事项而作出的变更行政许可决定，由此给公民、法人或者其他组织造成财产损失的，行政机关应当依法给予补偿。补偿的程序有：（1）申请，通常由受到损害或者损失的行政相对人向行政机关提出补偿的请求；（2）协商，行政机关接到补偿请求后，与行政相对人进行协商，尽量达成双方都能接受的补偿协议；（3）调解，由上一级行政机关或者法定主管机关对补偿争议进行调解；（4）裁决，若补偿协议达不成，则由行政机关依法作出裁决。

（二）文书结构及制作要求

撤回（变更）行政许可决定书由首部、正文、尾部、附项构成。

1．首部　包括标题、文书编号。标题即撤回（变更）行政许可决定书的名称，文书编号写在标题的右下方。

2．正文　包括申请人姓名或者名称、需要撤回或者变更的行政许可名称、撤回或者变更该项行政许可的理由、救济途径等。

3．尾部　文书签发时间，并盖上发文食品药品监督管理行政主体的公章。

4．附项　包括送达方式、送达地点和该文书送达后由接收人填写收到本通知书的时间并签字；选择邮寄送达的，接收人处填写邮寄挂号的编号及邮寄时间，并将挂号回执和邮寄凭证粘贴上。

（三）例文

××省食品药品监督管理局行政执法文书

**撤回（变更）行政许可决定书**

（×）食药注册撤变决［2006］×××号

---

××医院：

你（单位）取得的×××注射液注册行政许可，因下列第3项原因，依据《中华人民共和国行政许可法》第八条之规定，本局决定撤回（变更）

该项行政许可。(变更内容附后)

1．行政许可所依据的法律、法规、规章修改。

2．行政许可所依据的法律、法规、规章废止。

3．准予行政许可所依据的客观情况发生重大变化。

本局决定撤回（变更）你（单位）行政许可。请你（单位）在收到本决定书之日起15日内持行政许可证件到本局办理有关手续，若由此造成了损失，可向本局申请行政补偿。

如不服本决定，可在接到本决定书之日起60日内依法向国家食品药品监督管理局或者××省人民政府申请行政复议；或3个月内向××人民法院提起行政诉讼。

××省食品药品监督管理局（公章）

二〇〇六年三月七日

---

送达方式：☑ 当面送达 ☐ 邮寄送达

送达地点：××省食品药品监督管理局受理中心

签收人：高×× 送达时间：2006 年 3 月 10 日

---

注：本文书一式二联，第一联存档，第二联交申请人。

---

## 七、撤销行政许可决定书

### （一）撤销行政许可决定书的概念

撤销行政许可决定书，是指已经生效的行政许可出现法定情形时，食品药品监督管理行政主体依法作出撤销该项行政许可决定的文书。它属于填写式文书。

《中华人民共和国行政许可法》第六十九条第一、二款规定："有下列情形之一的，作出行政许可决定的行政机关或者其上级行政机关，根据利害关系人的请求或者依据职权，可以撤销行政许可：（一）行政机关工作人员滥用职权、玩忽职守作出准予行政许可决定的；（二）超越法定职权作出准予行政许可决定的；（三）违反法定程序作出准予行政许可决定的；（四）对不具备申请资格或者不符合法定条件的申请人准予行政许可的；（五）依法可以撤销行政许可的其他情形。”“被许可人以欺骗、贿赂等不正当手段取得行政许可的，应当予以撤销。”

制作本文书撤销行政许可时，应当注意如果撤销行政许可，可能对公共利益造成重大损害的，不予撤销。因行政机关及其工作人员违法作出的行政许可，依法被撤销，被许可人的合法权益受到损害的，行政机关应当依法给予赔偿。但如果被许可人以欺骗、贿赂等不正当手段取得行政许可的，被依法撤销的，行政机关不予赔偿。

## （二）文书结构及制作要求

撤销行政许可决定书由首部、正文、尾部、附项构成。

1. 首部　包括标题、文书编号。标题即撤销行政许可决定书的名称，文书编号写在标题的右下方。

2. 正文　包括申请人姓名或者名称、撤销的行政许可名称、撤销该项行政许可的理由、救济途径等。

3. 尾部　文书签发时间，并盖上发文食品药品监督管理行政主体的公章。

4. 附项　包括送达方式、送达地点和该文书送达后由接收人填写收到本决定书的时间并签字；选择邮寄送达的，接收人处填写邮寄挂号的编号及邮寄时间，并将挂号回执和邮寄凭证粘贴上。

（三）例文

××省食品药品监督管理局行政执法文书

# 撤销行政许可决定书

（×）食药市场撤决［2006］×××号

---

××医药有限公司：

经核查，你（单位）取得的《药品经营许可证》行政许可，依据《中华人民共和国行政许可法》第六十九条之规定，在许可办理过程中有下列第6种情形：

1．行政主体工作人员滥用职权、玩忽职守；

2．超越法定职权；

3．违反法定程序；

4．你单位不具备申请资格；

5．你单位不符合法定条件；

6．你单位采用欺骗、贿赂等不正当手段；

7．________________。

本局决定撤销你单位行政许可。请你单位在收到本决定书之日起5日内将行政许可证件上缴本机关。

如不服本决定，可在接到本决定书之日起60日内依法向国家食品药品监督管理局或者××省人民政府申请行政复议；或3个月内向××人民法院提起行政诉讼。

××省食品药品监督管理局（公章）

二〇〇六年八月九日

---

送达方式：☑ 当面送达 ☐ 邮寄送达

送达地点：××省食品药品监督管理局受理中心

签收人：赵×× 送达时间：2006年8月11日

---

注：本文书一式二联，第一联存档，第二联交申请人。

---

## 八、注销行政许可决定书

### （一）注销行政许可决定书的概念

注销行政许可决定书，是指食品药品监督管理行政主体对已经失效或者无法实施的行政许可，依法作出注销该项行政许可决定的文书。它属于填写式文书。

《中华人民共和国行政许可法》第七十条规定：“有下列情形之一的，行政机关应当依法办理有关行政许可的注销手续：（一）行政许可有效期届满未延续的；（二）赋予公民特定资格的行政许可，该公民死亡或者丧失行为能力的；（三）法人或者其他组织依法终止的；（四）行政许可依法被撤销、撤回，或者行政许可证件依法被吊销的；（五）因不可抗力导致行政许可事项无法实施的；（六）法律、法规规定的应当注销行政许可的其他情形。”在行政执法中，食品药品监督管理行政主体往往对已经失效或者无法实施的行政许可，没有依法注销或者不及时注销，有的在内部卷宗中注销了，却没有依法制作本文书，告知行政相对人。注销失效或者无法实施的行政许可是行政机关依职权的行政行为，也是行政许可实施机关法定职责，应由原作出行政许可决定的机关作出。因此，行政机关应当建立健全监督制度，通过核查反映被许可人从事行政许可事项活动情况的有关材料，履行监督责任。当出现失效或者无法实施的行政许可，应当及时制作本文书，予以注销。

### （二）文书结构及制作要求

注销行政许可决定书由首部、正文、尾部、附项构成。

1．首部　包括标题、文书编号。标题即注销行政许可决定书的名称，文书编号写在标题的右下方。

2．正文　包括申请人姓名或者名称、注销的行政许可名称、注销该项行政许可的理由、救济途径等。

3．尾部　文书签发时间，并盖上发文食品药品监督管理行政主体的公章。

4．附项　包括送达方式、送达地点和该文书送达后由接收人填写收到本决定书的时间并签字；选择邮寄送达的，接收人处填写邮寄挂号的编号及邮寄时间，并将挂号回执和邮寄凭证粘贴上。

（三）例文

××省××市食品药品监督管理局行政执法文书

**注销行政许可决定书**

（×）食药市场注决［2006］×××号

---

××药店：

经核查，你（单位）取得的《药品经营许可证》行政许可，依据《中华人民共和国行政许可法》第七十条之规定，属于下列第1种情形：

1．行政许可有效期届满未延续的；

2．赋予公民特定资格的行政许可，该公民死亡或者丧失行为能力的；

3．法人或者其他组织依法终止的；

4．行政许可依法被撤销、撤回的；

5．行政许可证件依法被吊销的；

6．因不可抗力导致行政许可事项无法实施的；

7．＿＿＿＿＿＿＿＿＿＿＿＿。

本局决定注销你（单位）行政许可。请你（单位）在收到本决定书之日起5日内将行政许可证件上缴本局。

如不服本决定，可在接到本决定书之日起60日内依法向××省食品药品监督管理局申请行政复议；或3个月内向××人民法院提起行政诉讼。

××省××市食品药品监督管理局（公章）

二〇〇六年六月八日

---

送达方式：☑ 当面送达 □ 邮寄送达
送达地点：××市食品药品监督管理局受理中心
签收人：甘×× 送达时间：2006 年 6 月 9 日

---

注：本文书一式二联，第一联存档，第二联交申请人。

---

## 九、行政许可终止办理决定书

### （一）行政许可终止办理决定书的概念

行政许可终止办理决定书，是指办理行政许可过程中，申请人提出终止行政许可的申请，或者申请人放弃或者视为放弃行政许可的申请，食品药品监督管理行政主体继续办理行政许可已经没有法律意义或者无法继续办理的，依法告知申请人或者相关的行政相对人终止办理行政许可的文书。它属于填写式文书。

制作本文书的前提是如何认定申请人放弃或者视为放弃行政许可的申请。一般在办理行政许可过程中，有下列情形之一的，可以认为申请人放弃或者视为放弃行政许可的申请：（1）申请人要求终止的；（2）作为申请人的公民死亡的；（3）作为申请人的法人或者其他组织终止后，其权利义务的承受人没有明示继续申请行政许可的；（4）在行政许可技术审查中，食品药品监督管理行政主体依法要求申请人补充材料，申请人未能在规定的时限内补充材料且没有正当理由的；（5）行政许可审查需要现场检查，申请人拒绝且没有正当理由的；（6）其他应当终止办理的情形。

### （二）文书结构及制作要求

行政许可终止办理决定书由首部、正文、尾部和附项构成。

1. 首部　包括标题、文书编号、申请人与申请事项基本情况。标题即行政许可终止办理决定书，文书编号写在“行政许可终止办理决定书”标题的右下方。申请人与申请事项基本情况依次写明申请人名称或者姓名、法定代表人（负责人）姓名、联系方式、申请事项、受理日期。

2．正文　包括申请人姓名或者名称、申请的行政许可事项名称、终止办理的理由和救济途径。

3．尾部　文书签发时间，并盖上发文食品药品监督管理行政主体的公章。

4．附项　包括送达方式、送达地点和该文书送达后由接收人填写收到本决定书的时间并签字；选择邮寄送达的，接收人处填写邮寄挂号的编号及邮寄时间，并将挂号回执和邮寄凭证粘贴上。

（三）例文

××省食品药品监督管理局行政执法文书

**行政许可终止办理决定书**

（×）食药器械终办决［2006］×××号

---

申请人：××医疗器械有限公司　法定代表人（负责人）：杜××
通讯地址：××市××路××号　邮编：××××××
电话：×××××××××　申请事项：电麻仪注册
受理日期：2006年3月8日

---

经核查，你（单位）的申请属于下列第4种情形：

1．申请人要求终止的；

2．作为申请人的公民死亡的；

3．作为申请人的法人或者其他组织终止后，其权利义务的承受人没有明示继续申请行政许可的；

4．在行政许可技术审查中，本局依法要求申请人补充材料，申请人未能在规定的时限内补充材料且没有正当理由的；

5. 行政许可审查需要现场检查，申请人拒绝且没有正当理由的；

6. ____________________。

本局决定终止办理你（单位）的行政许可申请。如不服本决定，可在接到本决定书之日起 60 日内依法向国家食品药品监督管理局申请行政复议；或 3 个月内向××人民法院提起行政诉讼。

（××省食品药品监督管理局行政许可专用章）

二○○六年六月二十六日

---

送达方式：☑当面送达　☐邮寄送达

送达地点：××省食品药品监督管理局受理中心

签收人：杜××　送达时间：2006 年 6 月 27 日

---

注：本文书一式二联，第一联存档，第二联交申请人。

---

## 十、准予变更行政许可决定书

### （一）准予变更行政许可决定书的概念

准予变更行政许可决定书，是指食品药品监督管理行政主体对被许可人要求变更行政许可事项的申请，经依法审查，认为符合该项行政许可的法定条件、标准的，依法作出准予变更行政许可决定的文书。它属于填写式文书。

《中华人民共和国行政许可法》第四十九条规定："被许可人要求变更行政许可事项的，应当向作出行政许可决定的行政机关提出申请；符合法定条件、标准的，行政机关应当依法办理变更手续。"有的行政许可证件变更分为许可事项变更和登记事项的变更，只有许可事项的变更需要制作本文书，准予行政许可事项的变更。不同行政许可的许可事项范围不一样，要根据不同的法律规范，确定那些事项变更需要制作本文书。

（二）文书结构及制作要求

准予变更行政许可决定书由首部、正文、尾部和附项构成。

1．首部　包括标题、文书编号。标题即准予变更行政许可决定书的名称，文书编号写在标题的右下方。

2．正文　包括申请人姓名或者名称、申请日期、申请变更行政许可事项名称、准予变更的内容等。变更内容填写应当用明确简洁文字表述变更前后的许可事项内容，切忌只填写变更后的内容。

3．尾部　文书签发时间，并盖上发文食品药品监督管理行政主体的公章。

4．附项　包括送达方式、送达地点和该文书送达后由接收人填写收到本决定书的时间并签字；选择邮寄送达的，接收人处填写邮寄挂号的编号及邮寄时间，并将挂号回执和邮寄凭证粘贴上。

（三）例文

××省××市食品药品监督管理局行政执法文书

**准予变更行政许可决定书**

（×）食药市场准变决［2006］×××号

---

××大药房：

经依法审查，你（单位）于2006年7月17日向本局申请变更××大药房法定代表人，依据《中华人民共和国行政许可法》第四十九条之规定，本局决定准予变更。变更内容：法定代表人原为陈××，现变更为柯××。请在收到本决定书后，及时到本局办理换证手续。

××省××市食品药品监督管理局（公章）

二〇〇六年七月二十八日

---

送达方式：☑ 当面送达 ☐ 邮寄送达

送达地点：××市食品药品监督管理局受理中心

签收人：柯×× 送达时间：2006 年 8 月 1 日

---

注：本文书一式二联，第一联存档，第二联交申请人。

---

## 十一、准予延续行政许可决定书

### （一）准予延续行政许可决定书的概念

准予延续行政许可决定书，是指食品药品监督管理行政主体对接近效期的行政许可，被许可人申请延续的，经依法审查，认为符合该项行政许可的法定条件、标准的，依法作出准予延续行政许可决定的文书。它属于填写式文书。行政许可行政机关应当根据被许可人的申请，在该行政许可有效期届满前，依法审查，对符合该项行政许可的法定条件、标准的，制作本文书，作出准予延续的决定；如果逾期未作决定的，视为准予延续。

《中华人民共和国行政许可法》第五十条规定："被许可人需要延续依法取得的行政许可的有效期的，应当在该行政许可有效期届满三十日前向作出行政许可决定的行政机关提出申请。但是，法律、法规、规章另有规定的，依照其规定。"食品药品监督管理法律、法规、规章对不同的行政许可，延续行政许可的申请期限有不同的规定，如《药品生产许可证》、《医疗器械经营许可证》等，有关法律规定：持证人在该行政许可有效期届满 6 个月前向原发证机关提出延续有效期的申请；而保健品批准证书则要求申请人在有效期届满前 3 个月前申请再注册。因此，制作本文书准予延续行政许可前，应当注意申请人是否依法定的申请期限内提出延续申请，如果没有正当的理由，逾期申请的，应当不予延续行政许可。

## （二）文书结构及制作要求

准予延续行政许可决定书由首部、正文、尾部和附项构成。

1．首部　包括标题、文书编号。标题即准予延续行政许可决定书的名称，文书编号写在标题的右下方。

2．正文　包括申请人姓名或者名称、申请日期、申请延续行政许可事项名称、准予延续的期限等。

3．尾部　文书签发时间，并盖上发文食品药品监督管理行政主体的公章。

4．附项　包括送达方式、送达地点和该文书送达后由接收人填写收到本决定书的时间并签字；选择邮寄送达的，接收人处填写邮寄挂号的编号及邮寄时间，并将挂号回执和邮寄凭证粘贴上。

## （三）例文

××省食品药品监督管理局行政执法文书

**准予延续行政许可决定书**

（×）食药安监准延决［2006］×××号

---

××医院：

经依法审查，你（单位）于2006年5月15日向本局提出延续《医疗机构制剂许可证》行政许可有效期的申请，依据《中华人民共和国行政许可法》第五十条之规定，本局决定准予延续。延续期限为2006年12月31日至2011年12月30日。请在收到本决定书后，及时到本局办理换证手续。

（××省食品药品监督管理局行政许可专用章）

二〇〇六年十一月三日

---

送达方式：☑ 当面送达 ☐ 邮寄送达
送达地点：××省食品药品监督管理局受理中心
签收人：陈×× 送达时间：2006 年 11 月 8 日

注：本文书一式二联，第一联存档，第二联交申请人。

## 十二、送达回执

### （一）送达回执的概念

送达回执，是指食品药品监督管理行政主体将有关文书送达给当事人的文书。凡需送达当事人的告知类、通知类或者决定类文书中已设定当事人签收栏的，由当事人签收即为送达。没有设定的，应当使用送达回执。送达回执属于填写式文书。

本文书的适用，依据《中华人民共和国行政许可法》第四十四条规定："行政机关作出准予行政许可的决定，应当自作出决定之日起十日内向申请人颁发、送达行政许可证件，或者加贴标签、加盖检验、检测、检疫印章。"送达应按照法定期间进行，如行政许可决定书应当在统一送达窗口交付申请人，申请人不到统一送达窗口领取的，应当在 10 日内依照民事诉讼法的有关规定，将行政许可决定书送达当事人。期间以时、日、年计算。期间开始的时和日不计算在期间内。期间届满的最后一日是节假日的，以节假日后的第一日为期间届满的日期。期间不包括在途时间，行政许可文书在期满前交邮的（以邮戳为准），不算过期。行政许可文书由承办人送达行政相对人，受送达人在送达回执上注明收到日期并签字或者盖章。签收日期即为送达日期。

送达方式有直接送达、留置送达、委托送达、邮寄送达、公告送达等方式，不同的送达方式有不同的要求。

直接送达有关行政文书的，应当直接送交受送达人。受送达人是公民的，本人不在交他的同住成年家属签收；受送达人是法人或者其他组织的，应当由法人的法定代表人、其他组织的主要负责人或者办公室、收发室、值班室等负责收件的人签收或盖章，拒绝签收或者盖章的，适用留置送达。受送达人有委托代理的，可以送交其代理人签收；受送达人已向行政主体指定代收的，送交代收入签收。受送达人的同住成年家属，法人或者其他组织的负责收件的人，委托代理人或者代收人在送达回执上签收的日期为送达日期。

留置送达，受送达人或者他的同住成年家属拒绝接收诉讼文书的，送达人应当邀请有关基层组织或者所在单位的代表到场，说明情况，在送达回执上记明拒收事由和日期，由送达人、见证人签名或者盖章，把行政许可文书留在受送达人的住所，即视为送达；有关基层组织或者所在单位的代表及其他见证人不愿在送达回执上签字或盖章的，由送达人在送达回执上记明情况，把送达文书留在受送达人住所，即视为送达。

委托送达与邮寄送达，直接送达有困难的，可以委托就近的食品药品监督管理行政主体代送或者用“双挂号”邮寄送达，邮寄送达，应当附有送达回执，回执注明的收件日期即为送达日期。挂号信回执上注明的收件日期与送达回执上注明的收件日期不一致的，或者送达回执没有寄回的，以挂号信回执上注明的收件日期为送达日期。委托其他食品药品监督管理行政主体代为送达的，委托行政主体应当出具委托函，并附需要送达的执法文书和送达回执，以受送达人在送达回执上签收的日期为送这日期。

公告送达，受送达人下落不明，或者用其他方式无法送达的，以公告方式送达。自发出公告之日起，满六十日，即视为送达。公告送达，应当在案卷中记明原因和经过。公告送达，可以在行政主体的网页、公告栏、受送达人原住所地张贴公告，也可以在报纸上刊登公告；对公告送达方式有特殊要求的，应按要求的方式进行公告。公告期满，即视为送达。

（二）文书结构及制作要求

送达回执由首部、正文、尾部构成。

1．首部　即标题。

2．正文　包括受送达人的名称或者姓名、送达文件名称及文件编号、送达方式、送达地点、送达人姓名、送达日期、收件人姓名、收件日期。

送达方式，应注明具体适用的是直接、委托、留置、公告、邮寄送达方式中的哪一种，直接、委托、留置、公告、邮寄送达必须按照《药品监督行政处罚程序规定》、《中华人民共和国民事诉讼法》等有关规定进行。“送达文件名称及文件编号”应写明实际送达文书的名称和文书编号。送达人必须是2名以上行政执法人员。受送达人若是法人或其他组织，收件时有条件盖公章的要加盖公章。收件日期，应是实际收到送达文件的时间。

3．尾部　发文日期，盖上发文的食品药品监督管理行政主体的公章。

4．附项　即备注，用于说明有关事项，如采取邮寄送达的，应当将挂号回执和邮寄凭证粘贴在备注栏内，并用文字说明。

（三）例文

××省食品药品监督管理局行政执法文书

**送达回执**

（×）食药市场送回［2006］×××号

受送达单位（人）：××医药有限公司

送达文件名称及文件编号：药品经营质量管理规范认证证书（证号：×××××××）

送达方式：直接送达　送达地点：××省食品药品监督管理局受理中心

送达人：柳××、陈××　送达日期：2006 年 5 月 28 日 10 时 50 分
收件人：林××　　　　收件日期：2006 年 5 月 28 日 10 时 50 分

××省食品药品监督管理局（公章）
二〇〇六年五月二十三日

备注：林××系××医药有限公司委托代理人。

注：本文书一式二联，第一联收件人签字后随卷存档，第二联备查。

# 第三章　行政处罚文书

## 第一节　概　　述

### 一、行政处罚文书的概念和要求

#### （一）行政处罚文书的概念

行政处罚文书，这里是指食品药品监督管理行政机关行使职权，依法办理食品药品监督行政案件的过程中，为处理和解决相关问题而制作的具有法律效力或法律意义的法律文书，是食品药品监督行政处罚文书的简称。

为了保证食品药品的质量，确保人民群众饮食用药安全，在把好食品药品的市场准入关的同时，应当加强食品药品违法行为查处工作。实际上，食品药品稽查工作是食品药品监督管理基层机构的一项重要工作，在案件办理的各个阶段，都要制作和使用相应的行政处罚文书。食品药品监督管理行政机关通过行政处罚文书，实施食品药品监督管理法律，揭露食品药品违法犯罪，惩罚食品药品违法活动，维护人民身体健康和合法权益。

#### （二）行政处罚文书的特征

1. 行政处罚文书制作主体是各级食品药品监督管理行政机关。

2. 行政处罚文书制作的依据是《中华人民共和国药品管理法》、《中华人民共和国行政处罚法》、《中华人民共和国药品管理法实施条例》、《医疗器械监督管理条例》、《麻醉药品和精神药品管理条例》、《反兴奋剂条例》、《药品监督行政处罚程序规定》、《药品监督行政执法文书规范》等。

3．行政处罚文书适用对象是食品药品的违法行为涉嫌人。

4．行政处罚文书制作具有很强时间性。食品药品行政处罚的全部文书应当在法定办案期限内完成，个别文书制作有严格的时间限制，如食品药品监督管理行政机关采取查封、扣押强制措施的，应当自采取查封、扣押强制措施之日起7日内作出是否立案决定，并制作《行政处理决定书》通知当事人。

5．行政处罚文书制作必须遵循一定的原则和履行完备的法律手续。应遵循的原则有：以事实为依据，以法律为准绳的原则；法定依据的原则；法定程序的原则；保护公民、法人及其他组织合法权益的原则；保守秘密的原则等。制作各类文书都要履行一定的法律手续，如《立案申请表》须由办案人员制作，行政机关领导批准。

### （三）行政处罚文书分类

按照不同的标准，可将行政处罚文书作不同的分类，如根据组成联数的不同，可将行政处罚文书分为单联式文书和多联式文书；根据制作格式的不同，可将行政处罚文书分为填写式文书、表格式文书、笔录式和制作式文书。本章主要根据国家食品药品监督管理局颁发的《药品监督行政处罚程序规定》，按照办案程序不同阶段，将食品药品行政处罚文书分为：管辖、立案、调查文书，处罚决定文书，执行、结案文书三类。

1．管辖、立案、调查文书　共16种，包括案件移送审批表、案件移送书、举报登记表、立案申请表、调查笔录、现场检查笔录、先行登记保存物品审批表、先行登记保存物品通知书、查封扣押物品审批表、查封扣押物品通知书、封条、物品清单、行政处理通知书、解除先行登记物品通知书、解除查封扣押物品通知书、案件调查终结报告。

2．处罚决定文书　共15种，包括案件合议记录、撤案申请表、行政处罚事先告知书、陈述申辩笔录、行政处罚审批表、重大案件集体讨论笔录、行政处罚决定书、没收物品凭证、责令改正通知书、听证告知书、听证通知书、听证笔录、听证意见书、当场行政处罚决定书、送达回执。

3．执行、结案文书　共5种，包括没收物品处理审批表、没收物品处理清单、延（分）期缴纳罚没款审批表、行政处罚强制执行申请书、行政处罚结案报告。

## 第二节　管辖、立案、调查文书

### 一、案件移送审批表

#### （一）案件移送审批表的概念

案件移送审批表，是指案件承办人员发现案件不属于本行政机关主管、管辖的；或属于本行政机关管辖但还涉及其他行政机关须追究相关责任的；或需要移送司法机关追究刑事责任时，呈请主管领导批准移送的文书。

案件移送审批表属于制作式内部文书（内部文书不对外公开，应当注意保密，下同），食品药品监督管理行政机关在案件移送过程中，向被移送单位出具《案件移送书》之前，必须制作案件移送审批表，未经主管领导审批，不能出具《案件移送书》。填写"主要案情及移送理由"时，需要叙述事实、阐述理由，提出建议，并将拟移送的相关证据材料、有关物品等表述清楚。

#### （二）文书结构及制作要求

案件移送审批表由首部、正文、尾部构成。

1．首部　包括标题、文书编号、案由、当事人基本情况及移送机关名称。

标题即文书种类名称。文书编号写在“案件移送审批表”标题的右下方，如（榕）药案移审［2005］13号，其中“榕”是福建省福州市的简称。

案由、当事人基本情况及移送机关。这一部分依次写明案由、案件来源、当事人姓名、地址、联系方式及移送机关名称。“案由”应当按照法律、法规中的“法律责任”或“罚则”及国家食品药品监督管理局行政规章中的规范用语填写。如果需要移送司法机关追究刑事责任的，案由应当按照涉嫌刑法的罪名填写（以下案由类推）。案件来源于公民举报、监督检查发现、药品抽查检验发现、违法分子自首等。当事人如果是法人或其他组织的，还应填写法定代表人或负责人姓名。联系方式应当写明通讯地址、邮编、联系电话。移送机关要写明全称。

2．正文　应当用简洁文笔写明主要案情及移送理由，承办人要亲笔签名，并注明日期。

3．尾部　由本机关领导写明审批意见，亲笔签名，并注明日期。

（三）例文

××省××市食品药品监督管理局行政执法文书

## 案件移送审批表

（×）食药案移审［2006］×××号

案由：涉嫌非法经营药品案　　案件来源：公民举报

当事人：李××　法定代表人（负责人）：

地址：本市××路××号　邮编：××××××　电话：××××××××

受移送机关：××市公安局

主要案情及移送理由：

自2006年1月10日以来，李××未取得《药品经营许可证》，多次向××医药公司购进药品××种，售给××卫生院，销售金额81356.75元。

李××上述行为属非法经营。因其经营额在5万元以上，根据最高人民检察院、公安部《关于经济犯罪案件追诉标准的规定》第七十条第五款规定，对李××应按照《中华人民共和国刑法》第二百二十五条规定追究刑事责任。根据《中华人民共和国行政处罚法》第二十二条、《行政执法机关移送涉嫌犯罪案件的规定》第三条、《药品监督行政处罚程序规定》第八条第一款之规定，本局应将该案移送给××市公安局处理。

拟随案移送的有李××身份证复印件、对李××调查笔录、对李××经营药品场所现场检查笔录、李××制作的药品销售清单（从××卫生院调取的）、××卫生院购进药品记录复印件、向李××购买药品的××卫生院3名证人杨××、林××、曾××证言，以及从××医院提取李××出售的部分药品实物等证据。

承办人：林××、杨××

2006年3月25日

---

审批意见：

同意将该案移送给××市公安局处理。

主管领导：陈××

2006年3月26日

---

## 二、案件移送书

### （一）案件移送书的概念

案件移送书，是指将案件移送有管辖权的行政机关时填写的文书。它属于填写式文书，适用于食品药品监督管理行政机关将不属于自己管辖的案件依法移送给有关单位或行政机关，包括将不属于食品药品监督管理行政机关主管的案件移送给有关行政机关以及将不属于本机关管辖的食品药品违法案件移送给有管辖权的食品药品监督管理行政机关处理时使用。如果受移送的食品药品监督管理行政机关认为移送的案件不属于自己管辖时，则不能再自行移送，而应当报请共同的上级食品药品监督管理行政机关指定管辖。上级食品药品监督管理行政机关在接到管辖争议或者报请指定管辖的请示后，应当在10个工作日内作出指定管辖决定。受移送的食品药品监督管理行政机关应当将案件查处结果及时函告移送案件的食品药品监督管理行政机关。

### （二）文书结构及制作要求

案件移送书由首部、正文、尾部构成。

1．首部　包括标题（即文书种类名称）和文书编号。

2．正文　受移送机关要写明全称；案由应当加上当事人全称，如：××药业有限公司涉嫌销售假药香菇多糖注射剂一案；移送理由，根据案情在“案件不属于本行政机关主管、管辖”、“属于本行政机关管辖但还涉及其他行政机关须追究相关责任”或“需要移送司法机关追究刑事责任”等三种情形中选择适合本案的，填写在“经初步调查”之后。

3．尾部　包括三项内容：一是写明附件的名称、数量；二是，注明文书签发具体时间；三是，盖发文行政机关公章。

### （三）注意事项

1．出具案件移送书前，应填写《案件移送审批表》并经主管领导审批。

2．案件移送书的附件，是指随文移送的案件有关材料和物品，这些材料和物品应当有目录和物品清单，目录和物品清单一式两联，一联交被移送单位，一联存档备查。送达文书时，移送材料和物品，应当与被移送单位一一清点，确认无误后，应请被移送单位在存档备查联盖上公章，并注明接收日期。

（四）范例

1. 案情简介

自 2005 年 11 月 29 日以来，陈××未取得《药品经营许可证》，多次以××制药有限公司名义，将药品 23 种售给××卫生院，销售金额 198375.32 元。

2. 证据目录

(1) 陈××身份证复印件 1 份；

(2) 对陈××调查笔录 2 份，计 9 页；

(3) 对陈××经营药品场所现场检查笔录 1 份，计 2 页；

(4) 陈××制作的药品销售清单（在××医院调取的）11 份，计 31 页；

(5) ××卫生院购进药品记录复印件 3 份，计 7 页；

(6) 证人证言 3 份：证人高××、江××、林××证言各 1 份，计 8 页；

(7) 从××医院提取陈××出售的部分药品实物，计 11 种，详见物品清单。

3. 例文

××省××市食品药品监督管理局行政执法文书

## 案件移送书

（×）食药案移送［2006］×××号

---

××市公安局：

陈××涉嫌非法经营药品一案，经初步调查，需要移送司法机关追究刑事责任，根据《中华人民共和国行政处罚法》的规定，现移送你（单位）处理。案件处理结果请函告我局。

附件：案情简介及有关证据22件。

××省××市食品药品监督管理局（公章）

二〇〇六年二月二十七日

---

注：本文书一式三联。第一联存档，第二联交被移送单位，第三联备查。

---

## 三、举报登记表

### （一）举报登记表的概念

举报登记表，是指执法人员接到电话、信函、来人等各种渠道的举报所作的文字记录。受理举报应当填写举报登记表。举报登记表，属于笔录式内部文书，对举报人的情况和举报内容应当切实做好保密工作。举报登记表的作用是为食品药品监督管理行政机关立案、调查案件提供线索和信息。食品药品监督管理行政机关应当对受理的举报案件线索及时进行初步核实后，符合立案条件的，应当尽快立案。

### （二）文书结构及制作要求

举报登记表由首部、正文、尾部构成。

1. 首部　包括标题、文书编号、举报人姓名、联系方式、举报形式和时间。

举报人，可以是公民，也可以是法人或其他组织。举报人，填写举报人自报的姓名或名称，如属匿名举报，注明匿名。

联系方式，应当尊重举报人的意愿，按照举报人的要求填写举报人的联系电话、电子邮箱、通讯地址等，便于与举报人联系沟通及反馈举报查处情况。

举报形式，应具体写明是电话举报、信函举报、来人举报等。

时间，是指接受举报的时间，由于一些案件时机稍纵即逝，受理举报的工作人员应当注明接到举报的具体时间，及时向领导汇报，迅速进行核查。

2. 正文　举报内容是该文书制作重点，要写明举报反映的主要违法事实，包括案发单位（人）、负责人、案发时间、案发地点、重要证据、造成危害后果及其影响等，重点是时间、地点和具体违法事实。如记录举报无证经营药品（医疗器械）的，应记录经营品种和数量、经营和仓储地点、何时开始无证经营等有关情节。电话举报或来人举报，记录人应围绕这些内容进行询问并做好记录；如果是信函举报，应按上述要求做好摘要，并注明“举报材料附后”。

3. 尾部　处理意见由稽查处（科或股）负责人提出的办理意见。

（三）例文

××省××市食品药品监督管理局行政执法文书

**举报登记表**

（×）食药举登［2006］×××号

---

举报人：林××　联系方式：________　电话：×××××××××

举报形式：电话　时　间：2006年2月17日上午10:20

---

举报内容：

在本市××路××号原××百货公司仓库，存放大量药品，经常有汽车进出，运进、运出药品。

记录人：张××

2006年2月17日

---

处理意见：

请稽查处，立即派人核查。

负责人：陈××

2006年2月17日

---

## 四、立案申请表

### （一）立案申请表的概念

立案申请表，是指呈请主管领导决定是否立案的文书。对于案件违法事实线索不清的，没有证据的，应当不予立案；对不属于食品药品监督行政处罚范围或不属本机关管辖的，则应当移送有管辖权的机关处理。立案申请表系制作式内部文书。食品药品监督管理行政机关对属于本行政机关管辖，有明确的违法嫌疑人，有客观的违法事实，属于食品药品监督行政处罚范围的案件，应在发现违法行为之日起7个工作日内立案。决定立案的，应当填写《立案申请表》，报行政机关主管领导批示，批准立案的，应当确定2名以上食品药品监督执法人员为案件承办人。

### （二）文书结构及制作要求

立案申请表由首部、正文、尾部构成。

1．首部　包括标题、文书编号、案由、当事人基本情况、案件来源。

案件来源，是指《药品监督行政处罚程序规定》第十三条规定的四种情形：（1）在监督检查中发现的；（2）检验机构检验发现的；（3）公民、法人及其他组织举报的；（4）上级交办的、下级报请查处的、有关行政机关移送的或者其他方式、途径披露的。

2．正文　案情摘要是文书的重要内容，案件承办人员填写时，应当用简洁文字记述举报、投诉、监督检查或者抽查检验等已了解的违法事实情节和通过初步核查掌握的相关证据材料。重点是记述当事人何事何因违法，违法事实发生时间、地点、情节、已有证据等情况。

承办人，指案件受理人员签字，并经由处、科（股）负责人复核签字。

3. 尾部　审批意见由主管领导填写，明确写明是否同意立案，何时立案，指定两名案件承办人员，并注明审批时间。

（三）例文

××省××市食品药品监督管理局行政执法文书

## 立案申请表

（×）食药立申［2006］×××号

---

案由：涉嫌销售劣药复方氨酚那敏颗粒案　当事人：××药业股份公司

法定代表人（负责人）：吴××　地址：本市××路××号

邮编：××××××　联系电话：××××××××

案件来源：检验机构检验发现的

---

案情摘要：

据××市药品检验所×××××××××号《药品检验报告书》，××药业股份公司销售的复方氨酚那敏颗粒（××××制药有限公司生产，批号×××××××××，规格8g/袋），经检验该批药品马来酸氯苯那敏含量比国家药品标准WS－10001－（HD－0256）－××××规定的含量低62个百分点。经初步核查，2006年1月13日该公司从××省××市××医药有限公司购进××××制药有限公司生产的批号×××××××××复方氨酚那敏颗粒3万袋，已售出21000袋，库存尚有9000袋。库存的该批药品已于2006年2月25日上午被我局扣押。

经初步审查，当事人的行为涉嫌违反了《中华人民共和国药品管理法》

第四十九条第一款的规定，申请予以立案。

承办人：程××、邹××

2006年2月25日

---

审批意见：同意依法立案，本案自2006年2月26日起立案，由程××、邹××承办。

主管领导：陈××

2006年2月26日

---

## 五、调查笔录

### （一）调查笔录的概念

调查笔录，是指在进行案件调查时依法向案件当事人、直接责任人或者知情人调查了解有关情况时的文字记录。调查笔录属于记录话语的笔录式文书，采用问答式，必须当场制作，并请调查人当场核对，确认无误。调查人向被调查人调查了解有关情况时，必须有两名以上食品药品监督执法人员同时在场，出示执法证件，并告知被调查人权利和义务。当事人或者有关人员应当如实回答询问，并协助调查或检查，不得阻挠。调查人向被调查人调查，应当个别进行；须对多人进行调查的，应当分别进行笔录。

### （二）文书结构及制作要求

调查笔录由首部、正文、尾部构成。

1．首部　包括标题、页码情况、案由、调查地点、被调查人的基本情况、调查人和记录人姓名、监督检查类别、调查时间等。

案由，由于被调查人是案件的知情人，不一定是案件的当事人，因此案由应加上本案当事人的姓名或者名称。被调查人的基本情况，应当请被调查人提供有关身份证明，按身份证明的内容填写，地址可能与身份证上的住址不一致，应当填写通讯地址，注明身份证号码。格式文书中的联系方式，应当具体化为通讯地址的邮编和联系电话。监督检查类别，应当准确注明是食品药品或者医疗器械的生产、经营、使用的检查（下同）。

2．正文　起始部分应当注明执法人员身份、证件名称、证件编号及调查目的，问明被调查人与本案的关系。记录应当准确详细地记录与案件有关的全部情况，包括时间、地点、主体、事件、过程、情节、结果等。如果被调查人当场提供了书证、物证的，应当记录其所提供的证据情况；如果被调查人提供了其他案件线索、知情人姓名、性别、年龄、工作单位和住址等情况的，均应详细记录。如假劣药品的来源和去向均应调查清楚。

记录的内容较多，调查笔录正页不够记录时，可以使用(　　)副页作为调查笔录的续页。此时，应当在括号内填上“调查笔录”字样，即：(调查笔录）副页。

3．尾部　调查笔录填写完毕后，应当将笔录交给被调查人核对或者当场宣读，被调查人在核对笔录时，要求修改或补充原陈述内容的，可以直接在笔录上修改，被调查人应当在每页修改或补充处签字或按指纹。被调查人确认调查笔录无误后，在笔录上逐页签字或者按指纹，并在笔录终了处注明对笔录真实性的意见，即在笔录终了处顶格注明“以上情况属实”的字样。执法人员应当在笔录终了处右下角签字并注明日期。被调查人拒绝签字或者按指纹的，应当由2名以上执法人员在笔录上签字并注明情况。

### （三）注意事项

1．调查人员开展调查活动前，应当拟订调查提纲，向谁调查，调查什么，应当做到心中有数。对调查中可能出现的问题，要有预见和相应的对策；并要根据调查中发现的新情况、新问题，及时调整调查提纲。由于被调查人与本案关系不同，他们提供案件有关情况心态也不同，调查人员应当根据被调查人的不同心态结合需要调查的问题，精心设计提问纲要，这样才能取得较好的效果。

2．对被调查人不能采取胁迫、引诱等不正当手段，迫使其作违背真实意思的陈述。最高人民法院《关于行政诉讼证据若干的规定》第五十七条第（三）项指出："下列证据材料不能作为定案依据……以引诱、欺诈、胁迫、暴力等不正当手段获取的证据材料"。

3．被调查人如果是限制民事行为能力人，如未成年人，调查时邀请其法定监护人到场。《中华人民共和国民法通则》第十一条规定："未成年人的父母是未成年人的监护人。未成年人的父母已经死亡或者没有监护能力的，由下列人员中有监护能力的人担任监护人：1．祖父母、外祖父母；2．兄、姐；3．关系密切的其他亲属、朋友愿意承担监护责任，经未成年人的父、母的所在单位或者未成年人住所地的居民委员会、村民委员会同意的。对担任监护人有争议的，由未成年人的父、母的所在单位或者未成年人住所地的居民委员会、村民委员会在近亲属中指定。对指定不服提起诉讼的，由人民法院裁决。没有第一款、第二款规定的监护人的，由未成年人的父、母的所在单位或者未成年人住所地的居民委员会、村民委员会或者民政行政机关担任监护人。"

（四）例文

×× 省 ×× 市食品药品监督管理局行政执法文书

# 调 查 笔 录

第 1 页 共 2 页

案由：涉嫌无证经营药品案

调查地点：××市食品药品监督管理局稽查科

被调查人：林×× 性别：男 职务：经理 工作单位：××土特产公司

地址：本市××路××号××大厦 203 室 邮编：××××××

电话：××××××××

调查人：吴××、张×× 记录人：张×× 监督检查类别：药品经营检查

调查时间：2006 年 7 月 8 日 9 时 30 分至 11 时 15 分

我们是××市食品药品监督管理局的执法人员吴××、张××，执法证件名称、编号是：××省行政执法证 ××××××××××××、××××××××××××。

我们依法向你调查××土特产公司经营药品有关问题，请予配合，如实回答。

调查记录：

问：你对××土特产公司的经营情况是否知悉？

答：我是××土特产公司的法定代表人，本公司的经营情况我知道。

问：你们公司有无经营药品？

答：有。

问：从什么时候开始经营药品？

答：2006 年 5 月中旬。

问：经营药品有几个品种，具体品名、规格、产品批号、有效期、生产企业是什么？

答：经营 1 个品种，品名是维 C 银翘片，规格：24 片/盒 × 10 盒，铝塑包装，产品批号：××××××，有效期至 2008 年 1 月，生产企业：××医药集团有限公司。

问：你们公司的药品从什么地方购进？

答：从××医药公司购进。

问：购进次数、时间、数量、单价分别为多少？

答：只购进一次，今年5月9日，购进100件（每件10盒，每盒24片），每件进价人民币10元。

问：你们如何向××医药公司购进该批药品？

答：今年5月9日上午10时许，我公司职工金××带来一位20多岁的男年轻人，说是××医药公司业务员，他能提供维C银翘片，价格比市场价低。我知道医疗机构的维C银翘片价格约3元/盒，故想试试看，请他给我100件，下午3时许，他就送来了。

问：购进药品有没有合同、发票等书面凭证？

答：因为是本公司职工金××带来的，都是朋友，我没向他要什么身份证明，购进该批药品没有向他要书面凭证，货款当面结清。

---

注：被调查人在检查笔录上逐页签字，在修改处签字或者按指纹，并在笔录终了处注明对笔录真实性的意见；调查人应在笔录终了处签字。

---

被调查人：林×× 2006.7.8

××省××市食品药品监督管理局行政执法文书

## （调查笔录）副页



---

问：有无建立药品购进记录？

答：没有。

问：你们公司的药品销售给谁？

答：主要是通过我公司门市部直接销售给消费者，具体销售给谁我不清楚。有少量药品销售给××诊所，该诊所地址本市××路××号，负责人高××，联系电话号码×××××××××。

问：已销售药品数量及销售金额多少？

答：购进的药品都已售出，销售价每盒均为人民币1.30元，销售所得共计 1300 元。

问：销售药品情况有无记录？

答：没有。

问：你们公司经营药品活动有多少人参与？分别是谁？

答：共有 2 个人参与，一个是我本人，另一个叫金××，是我公司职工，住本市××路××号，联系电话×××××××××。

问：你们有没有取得《药品经营许可证》？

答：没有。

问：有没有领取营业执照？

答：2002 年 5 月上旬，我们公司就领取了企业法人营业执照。

问：你说的情况，有无证据需要向我们提供的？

答：有一份我们公司法人营业执照复印件要向你们提供。

问：还有需要说明的情况吗？

答：没有。

以上笔录已阅，情况属实。（由被调查人亲笔书写）

林×× 2006.7.8

---

注：该文书为相关执法文书的续页。

---

调查人员：吴××、张×× 2006.7.8

## 六、现场检查笔录

### （一）现场检查笔录的概念

现场检查笔录，是指执法人员对涉嫌违法活动的现场及相关证物进行实地检查，或者对食品药品及医疗器械生产、经营及使用单位（人）进行日常监督检查时所作的文字记录。现场检查必须有两名以上食品药品监督执法人员同时在场，出示执法证件，告知检查目的。现场检查笔录属于记录行为的笔录式文书，应在现场检查时当场制作，不能今天检查，第二天才完成笔录。现场检查笔录，应当着重记录与案件事实有关的现场情况，记录应当全面、准确、客观。记录顺序应与检查工作的顺序一致，边检查边记录。一案有多个现场或同一现场多次检查的，不能只综合制作一份笔录，而应分别制作。现场检查应通知相对人或其代理人到场，相对人或其代理人拒不到场的，可邀请在场的其他人员一至二人见证并在现场检查笔录上签字。现场检查笔录填写完毕后，应当将笔录交给被检查人核对或者当场宣读，被检查人在核对笔录时，要求修改或补充原陈述内容的，可以直接在笔录上修改，被检查人应当在每页修改或补充处签字或按指纹。被检查人确认调查笔录无误后，在笔录上逐页签字或者按指纹，并在笔录终了处注明对笔录真实性的意见，即在笔录终了处顶格注明“以上情况属实”的字样。执法人员应当在笔录终了处右下角签字并注明日期。被检查人拒绝签字或者按指纹的，应当由2名以上执法人员在笔录上签字并注明情况。

### （二）文书结构及制作要求

现场检查笔录由首部、正文、尾部构成。

1. 首部　包括标题、文书编号、页码情况、被检查单位名称或者被检查人姓名、检查现场、法定代表人或负责人姓名、联系方式、检查人和记录人姓名、监督检查类别和检查时间。

《现场检查笔录》中的“监督检查类别”、被检查人的基本情况的填写，以及检查完毕将笔录交由被检查方核对、认可、签字等，具体要求同调查笔录。

2. 正文　现场检查笔录起始部分应当注明执法人员身份、证件名称、证件编号及检查目的。记录应当准确详细地记录现场检查中发现的与案件有关的全部情况，着重记录现场检查中发现的涉嫌违法的事件、物品、人物活动等情况，对物品（证据）存放的方位、状态和程度的描写记录应依次有序、准确清楚。在现场检查过程中，有对现场拍照、录像、调取证据的，应同时记录现场拍照、录像、调取证据等内容，对证物还要注明名称、数量、所在位置、状态和标记等，以使《现场检查笔录》与现场拍照、录像、调取的物证互为印证，互为补充，构成证据链。如果条件限制（如在偏远山村没有电或者未带摄影机等器材），可以当场绘制草图，请当事人或证人签字，作为现场检查记录的附件。现场检查时，如对现场物品采取先行登记保存或查封扣押等行政强制措施的应对此加以记录。

3. 尾部　现场检查笔录填写完毕，经被检查人核对无误后，被检查人应当在笔录上逐页签字或者按指纹，并在笔录终了处注明对笔录真实性的意见。现场检查笔录，执法人员也应签字并注明日期。

（三）注意事项

现场检查调取的证据应当是原件、原物。调取原件、原物确有困难的，可由提交证据的单位或者个人在复制品上签字或者加盖公章，并注明“与原件（物）相同”字样或者文字说明。

## （四）例文

××省××市食品药品监督管理局行政执法文书

# 现场检查笔录

第1页共1页

---

被检查单位（人）：××药店

检查现场：本市××路××号××药店营业场所

法定代表人（负责人）：陈××　　联系方式：电话×××××××××

检查人：庄××、高××　记录人：高××　监督检查类别：药品经营检查

检查时间：2006年7月15日15时10分至17时20分

---

我们是××市食品药品监督管理局的执法人员庄××、高×× 执法证件名称、编号是：××省行政执法证×××××××××××××、××××××××××××。

我们依法就××药店销售药品有关问题，进行现场检查，请予配合。

现场检查记录：

1. 现场检查时该店负责人陈××、营业员林××、周××在场。店门大开，店内有二、三名顾客或查询或挑选药品。

2. 未发现《药品经营许可证》，且不能提供《药品经营许可证》，据陈××说，今年7月11日已向××市食品药品监督管理局提出申请，陈××提供了××市食品药品监督管理局出具的《行政许可受理通知书》（×）食药许受［2006］×××号。

3. 柜台呈L型摆放，内存放药品盐酸庆大霉素注射液、心血康、三九感冒灵冲剂等280多种（详见封存物品清单），采取了查封行政强制措施。

4. 从办公桌抽屉中查出药品购进账簿一本，共25页，账簿记录了2006年7月3日至今日购进药品320多种、批次、数量、厂家、进货单位等情况；查到销售单33张，记载2006年7月14日至今日销售药品的品名、数量、价格等情况。现已将药品购进账簿、销售单先行登记保存。并当场复印，提取了证据。

5. 现场拍摄照片5张，并对柜台药品实物、药品购进账簿、销售单进行了录像。

以上笔录已阅，情况属实。
陈×× 2006.7.15

---

注：本文书一式二联，第一联存档，第二联交被检查单位。被检查人在检查笔录上逐页签字，在修改处签字或者按指纹，并在笔录终了处注明对笔录真实性的意见；检查人应在笔录终了处签字。

---

被检查人：陈××（签字） 检查人：庄××（签字）、高××（签字）

## 七、先行登记保存物品审批表

### （一）先行登记保存物品审批表的概念

先行登记保存物品审批表，是指执法人员在案件调查过程中，对证据采取先行登记保存措施之前，报请主管领导批准的文书。该文书属填写式内部文书。该文书制作是食品药品监督管理行政机关对当事人出具《先行登记保存物品通知书》之前必须经过的法定程序。

行政机关在收集证据时，在证据可能灭失或者以后难以取得的情况下，经行政机关负责人批准，可以对证据先行登记保存，并应当在7日内及时作出处理决定，在发出《先行登记保存物品通知书》前，应当经过行政机关负责人的审批，该文书即反映了这个程序。

### （二）文书结构及制作要求

先行登记保存物品审批表由首部、正文、尾部构成。

1．首部　包括标题、文书编号、案由、当事人基本情况。

2．正文　包括先行登记保存物品种类、保存地点、保存条件。先行登记保存物品种类，应当注明登记保存的药品品种、医疗器械品种、制药工具名称、证据等。保存地点，应写明原地保存或者异地保存，并填写具体储存场所。保存条件，是指常温、阴凉、冷藏保存等。

3．尾部　由主管领导签署审批意见，并注明审批日期。

（三）例文

××省××市食品药品监督管理局行政执法文书

**先行登记保存物品审批表**

（　×　）食药登保审［2006］×××号

---

案由：涉嫌销售假药舒啱克案　　　　当事人：××医药公司

法定代表人（负责人）：林××　　　地址：××市××路××号

邮编：××××××　　　　　　　　联系电话：×××××××××

---

先行登记保存物品种类：

购进舒啱克（羟苯磺乙胺注射液）发票2张、商品验收入库凭证5份、商品出库凭证13份、商品付出凭证2份、销售发票10份。

根据《中华人民共和国行政处罚法》第三十七条第二款规定，拟对该单位（人）有关物品予以登记保存。

保存地点：当事人××医药公司经理林××办公室公文橱右下方第二抽屉。

保存条件：常温保存。

承办人：方××、陈××

2006年1月11日

审批意见：

同意对××医药公司上述有关物品先行登记保存在该公司经理办公室。

主管领导：陈××

2006年1月11日

## 八、先行登记保存物品通知书

### （一）先行登记保存物品通知书的概念

先行登记保存物品通知书，是指药品监督管理行政机关通知当事人对其有关物品实施先行登记保存的文书。该文书属于填写式文书，与《先行登记保存物品清单》和《封条》配套使用。食品药品监督管理行政机关实施先行登记保存时，应当有当事人在场。当事人拒绝到场的，执法人员可以邀请有关人员（如当地派出所、居委会工作人员）参加。对先行登记保存的物品应当开列《先行登记保存物品清单》由执法人员、当事人或者有关人员签字或者加盖公章。

### （二）文书结构及制作要求

先行登记保存物品通知书由首部、正文、尾部、附项构成。

1．首部　包括标题、文书编号和被先行登记物品的当事人姓名或者名称。被先行登记物品的当事人如果是法人或其他组织的，应写全称。

2．正文　保存地点、保存条件等事项填写应与主管领导审批的相关内容一致。

3．尾部　文书签发时间，并盖发文食品药品监督管理行政机关公章。

4．附项　该文书送达后，由接收人填写收到本通知书的时间并签字。

（三）注意事项

1．先行登记保存与扣押不同，扣押的目的是防止有质量嫌疑的药品或者医疗器械继续对人体造成可能的危害，从而制止控制行政违法危害社会行为的发生；先行登记的目的是为了查明案情，保护可能灭失的证据或者违禁物品不被隐匿、转移、销毁，以制裁违法行为。扣押的标的物主要是有质量嫌疑的药品、医疗器械及其相关材料；先行登记的标的物主要是与违法事实有一定联系的相关证据，不仅包括违法生产、销售、使用的药品、医疗器械及其相关材料，还包括用于生产假劣药品和医疗器械的原辅材料、包装材料、专用设备等。一般情况下，先行登记保存可就地保存。

2．食品药品监督管理行政机关对先行登记保存的物品，应当在7日内作出处理决定：（1）依法作出行政处罚决定，应予没收的，予以没收；（2）确认被登记保存的物品属“可能危害人体健康”的，依法作出查封扣押决定；（3）不予立案的，解除先行登记保存；（4）对物品进行拍照、摄影及清点登记等形式予以固定，再解除登记保存。

（四）例文

××省××市食品药品监督管理局行政执法文书

**先行登记保存物品通知书**

（×）食药登保通［2006］×××号

---

××医药公司＿＿＿＿：

根据《中华人民共和国行政处罚法》第三十七条第二款规定，我局决定对你（单位）的有关物品（见《先行登记保存物品清单》）予以登记保存。未经本局批准，不得使用、销毁或者转移。

保存地点：你公司经理林××办公室公文橱右下方第二抽屉。

保存条件：常温保存

附件：先行登记保存物品清单

××省××市食品药品监督管理局（公 章）

二〇〇六年 五月二十二日

---

本通知书已于2006年5月23日9时25分收到。

接收人签字：林××

---

注：本文书一式二联，第一联存档，第二联交当事人。

---

## 九、（查封）扣押物品审批表

### （一）（查封）扣押物品审批表的概念

（查封）扣押物品审批表，是指食品药品监督管理行政机关通知当事人对其有关物品实施先行登记保存的文书。该文书属于填写式内部文书。制作（查封）扣押物品审批表，是食品药品监督管理行政机关对当事人出具（查封）扣押物品通知书之前必经的法定程序。

食品药品监督管理行政机关在监督、抽样过程中，发现假劣药品、医疗器械，或有下列情形之一的，应当采取查封、扣押等行政强制措施，在采取查封、扣押行政强制措施前，应当制作查封扣押物品审批表：

1. 直接接触药品的包装材料和容器未经批准的药品；

2. 生产、配制药品使用的辅料不符合药品标准规定的药品；

3. 不按照现行法定质量标准或者不按照批准的生产工艺擅自生产的；不按照批准的标准擅自配制的药品；

4. 未经许可委托加工的药品；

5. 超越许可范围生产、配制或经营的药品；

6. 无生产或配制批记录的，批发经营无购进或销售记录的，零售经营无购进记录的药品；

7. 质量检验不合格仍销售或者使用的药品；

8. 无相应的药品生产设施或药品检验设备，不能保证药品质量的药品；

9. 药品经营企业和使用单位从非法渠道购进药品或无合法进货凭证的药品；

10. 现场管理混乱、卫生环境严重不符合要求、违法现象严重，已不能保证药品质量的药品。

查封、扣押是两种不同的行政强制措施。对同一物品，不能同时采取查封、扣押两种行政强制措施。

### （二）文书结构及制作要求

（查封）扣押物品审批表由首部、正文、尾部构成。

1. 首部　包括标题、文书编号、案由、当事人基本情况。当事人、法定代表人（负责人）、地址的填写应与《营业执照》或《医疗机构执业许可证》上所登记的内容相一致。

2. 正文　包括查封或者扣押物品名称、保存地点、保存条件、承办人签名和请示日期。

查封或者扣押物品名称，应当注明登记保存的药品品种、医疗器械品种、制药工具名称、有关材料的名称等。

保存地点，指原地保存或者异地保存，并填写详细地址。保存药品的地点应具备相应的保存条件。

保存条件，指常温、阴凉、冷藏保存等。

3. 尾部　包括主管领导审批意见、签名和批准日期。由食品药品监督管理行政机关负责人对查封、扣押物品作出是否同意的批示。

## （三）例文

××省××市食品药品监督管理局行政执法文书

### （查封）扣押物品审批表

（×）食药械扣审［2006］×××号

---

案由：涉嫌无证生产一次性使用无菌注射器案　　当事人：××塑料厂

电话：×××××××××

法定代表人（负责人）：吴××　　地址：××市××路××号

邮编：××××××

---

根据《医疗器械监督管理条例》第三十一条，该单位违法生产的一次性使用无菌注射器拟予以（查封）（扣押）。

（查封）扣押物品保存地点：本局仓库

（查封）扣押物品保存条件：常温保存

承办人：林××、陈××

2006年6月8日

审批意见：

同意扣押该厂生产的一次性使用无菌注射器。

主管领导：朱××

2006年6月9日

## 十、（查封）扣押物品通知书

### （一）（查封）扣押物品通知书的概念

（查封）扣押物品通知书，是指食品药品监督管理行政机关通知当事人对其有关物品实施查封、扣押行政强制措施的文书。该文书属于填写式文书，与（查封或者扣押）物品清单、封条配套使用。

根据《（查封）扣押物品审批表》审批意见，食品药品监督执法人员向当事人出具《（查封）扣押物品通知书》后，对需查封、扣押物品当场登记造册，填写《（查封或者扣押）物品清单》，经当事人核对后，对登记造册的物品加贴封条，并由接收人在该文书上签名。接收人应当是当事人，有条件加盖公章的应加盖公章。

食品药品监督管理行政机关实施查封、扣押时，应当有当事人在场。当事人拒绝到场的，执法人员可以邀请有关人员参加。当事人拒绝签字、盖章或者接收的，应当由2名以上执法人员在文书上签字并注明情况。

采取查封、扣押行政强制措施前，必须是已收集到可能危害人体健康的相关证据。

对查封、扣押的物品，应当使用盖有单位公章的“××食品药品监督管理局封条”。对查封、扣押的物品就地或者异地封存。

### （二）文书结构及制作要求

（查封）扣押物品通知书由首部、正文、尾部、附项构成。

1．首部　包括标题、文书编号、案由、当事人基本情况。

2．正文　查封或者扣押物品的名称、保存地点、保存条件等事项填写应与主管领导审批的相关内容一致。

3．尾部　文书签发时间，并盖上发文食品药品监督管理行政机关的公章。

4．附项　该文书送达后，由接收人填写收到本通知书的时间并签字。

（三）注意事项

1．对查封、扣押的物品应当开列《（查封或者扣押）物品清单》由执法人员、当事人或者有关人员签字或者加盖公章。当事人拒绝签字、盖章或者接收的，应当由2名以上执法人员在清单上签字并注明情况。

2．对查封、扣押的物品，应当在7日内作出是否立案的决定；需要检验的，应当自检验报告书发出之日起15日内作出是否立案的决定。已立案的应当填写《行政处理通知书》，送交被查封、扣押物品的当事人，告之当事人查封、扣押物品期限依法顺延。

（四）例文

××省××市食品药品监督管理局行政执法文书

**（查封）扣押物品通知书**

（×）食药扣通［2006］×××号

---

案由：涉嫌销售假药克银丸案　　当事人：××卫生院

法定代表人（负责人）：吴××

地 址：××县××镇××路××号　　邮编：××××××

电话：××××××××

---

根据《中华人民共和国药品管理法》第六十五条第二款规定，你（单位）违法购进的标示为长春××药业有限公司生产的克银丸（批号××××××××）可能危害人体健康，决定予以（查封）扣押。

如不服本决定，可依法申请行政复议或者行政诉讼。

（查封）扣押物品保存地点：本局

（查封）扣押物品保存条件：常温保存

附件：（查封）扣押物品清单

××省××市食品药品监督管理局（公 章）

二〇〇六年三月二十七日

---

本通知书于2006年3月28日16时20分收到。

接收人签字：吴××

---

注：本文书一式二联，第一联存档，第二联交当事人。

---

## 十一、封条

### （一）封条的概念

封条，是指在实施先行登记保存、查封扣押物品时，对涉案场所、证物采取保全措施或者行政强制措施时使用的标识性文书。在查处案件过程中或者日常药品监督检查中均可使用。

### （二）文书结构及制作要求

1．封条上应当注明执行机关的名称、日期，并加盖药品监督管理行政机关公章。

2．封条一经使用，未经法定程序任何人不得对封住的涉案场所、证物等动用、处分或损毁。若查封，当事人应在场。若当事人不在场，应邀请有关人员见证。对查封扣押的物品执行没收的除外。

### （三）例文（略）

## 十二、物品清单

### （一）物品清单的概念

物品清单，是指食品药品监督管理行政机关在采取先行登记保存、解除先行登记保存、查封扣押、解除查封扣押、没收物品等强制措施时，依法对当事人的物品进行登记造册时当场开列的有效凭证。它属于表格式文书。

### （二）文书结构及制作要求

物品清单由首部、正文、尾部构成。

1．首部　包括标题、页码情况、当事人基本情况。标题（　）物品清单中（　）应当填写连接文书名称，如（扣押）物品清单。

2．正文　物品品名等项要逐项填写。品名，写通用名称并且是全称；生产厂家要写全称；规格、包装、批号应按药品或者医疗器械说明书上标注的填写；数量应同时标注计量单位如瓶、盒；单价要填标价；备注应填与案件有关的事项，如未标明有效期、无药品批准文号、已超过有效期等；空白栏应当划杠线。

3．尾部　包括当事人、执法人员签字和日期。当事人若是法人或者其他组织的，由法定代表人、负责人签字或加盖单位公章；当事人是自然人的，由本人签字。当事人拒绝签字、盖章的，应当由2名以上执法人员在清单上签字并注明情况。

（三）例文

××省××市食品药品监督管理局行政执法文书

## （扣押）物品清单

第1页共1页

当事人：××诊所　　地 址：本市××路××号

| 品 名 | 生产厂家 | 规格 | 批 号 | 数量 | 单 价 | 包 装 | 备 注 |
|---|---|---|---|---|---|---|---|
| 阿奇胶囊 | ××制药厂 | 250mg/粒 | 03067 | 12盒 | 21元/盒 | 6粒/盒 | 有效期至2006.2 |
| 头孢克肟颗粒 | ××制药有限公司 | 50mg/袋 | 03021 | 67盒 | 33元/盒 | 6袋/盒 | 有效期至2006.1 |
| 替硝唑胶囊 | ××药业股份有限公司 | 0.2g/粒 | 02201 | 38盒 | 3元/盒 | 10粒/盒 | 有效期至2005.9 |
| | | | | | | | |
| | | | | | | | |
| | | | | | | | |
| | | | | | | | |
| | | | | | | | |
| | | | | | | | |
| | | | | | | | |
| | | | | | | | |

上述物品品种、数量经核对无误。

当事人签字（或盖章）：××药店（公章）　执法人员签字：陈××、乔××

2006年6月3日　　2006年6月3日

注：本文书一式二联，第一联存档，第二联交当事人。此清单用于先行登记保存、解除先行登记保存、（查封）扣押、解除（查封）扣押、没收物品时使用，在（　　）中注明具体使用项目。

## 十三、行政处理通知书

### （一）行政处理通知书的概念

行政处理通知书，是指通知当事人对涉嫌违法行为已决定立案，查封扣押物品时限顺延至作出行政处罚决定书或者撤案决定的文书。它属于填写式文书，《中华人民共和国药品管理法实施条例》第六十条规定："药品监督管理部门依法对有证据证明可能危害人体健康的药品及其有关材料采取查封、扣押的行政强制措施的，应当自采取行政强制措施之日起7日内作出是否立案的决定；需要检验的，必须自检验报告书发出之日起15日内作出是否立案的决定"。已立案的应当填写《行政处理通知书》，即时送达被查封、扣押物品的当事人，不得非法查封、扣押当事人的物品。

### （二）文书结构及制作要求

行政处理通知书由首部、正文、尾部、附项构成。

1．首部　包括标题、文书编号。

2．正文　包括当事人姓名或者单位名称，填写涉嫌违法的行为，注明该行为违反的法律条款。

3．尾部　文书签发时间，并盖上发文食品药品监督管理行政机关的公章。

4．附项　该文书送达后，由接收人填写收到本通知书的时间并签字。接收人签字，应由当事人本人、法定代表人或负责人签字。当事人如是已满14周岁不满18周岁的，接收人可以是其监护人。

## （三）例文

××省××市食品药品监督管理局行政执法文书

# 行政处理通知书

（×）食药行处通［2006］×××号

---

××诊所：

经初步调查（或检验）你（单位）向周××购进心血康、感冒灵冲剂等药品的行为，涉嫌违反了《中华人民共和国药品管理法》第三十四条的规定，决定对你（单位）立案调查。

《（查封）扣押物品通知书》｛（×）食药扣通［2006］×××号｝（查封）扣押物品的期限依法顺延。

特此通知。

××省××市食品药品监督管理局（公章）

二〇〇六年八月九日

---

本通知书已于2006年8月10日15时30分收到。

接收人签字：吴××

---

注：本文书一式二联，第一联存档，第二联交当事人。

---

## 十四、解除先行登记保存物品通知书

### （一）解除先行登记保存物品通知书的概念

解除先行登记保存物品通知书，是指对先行登记保存物品排除违法嫌疑后，向当事人发出解除物品控制的文书。它属于填写式文书。食品药品监督管理行政机关对先行登记保存的物品，应当在7日内作出处理决定。对不符合立案条件的，食品药品监督管理行政机关应当填写《解除先行登记保存物品通知书》，并填写《（解除先行登记保存）物品清单》，解除先行登记保存。解除先行登记保存后应即时向当事人退还被先行登记保存的物品。

### （二）文书结构及制作要求

解除先行登记保存物品通知书由首部、正文、尾部、附项构成。

1．首部　包括标题、文书编号、当事人姓名或者单位名称。

2．正文　注明采取先行登记保存物品的日期和《先行登记保存物品通知书》的文书编号。

3．尾部　文书签发时间，并盖上发文食品药品监督管理行政机关的公章。

4．附项　该文书送达后，由接收人填写收到本通知书的时间并签字。

### （三）例文

××省××市食品药品监督管理局行政执法文书

# 解除先行登记保存物品通知书

（×）食药解保通［2006］×××号

××医药公司：

我局于2006年5月23日，以《先行登记保存物品通知书》｛（×）食药登保通〔2006〕×××号｝中对《先行登记保存物品清单》所列物品予以登记保存，现予以全部解除登记保存。

附件：解除先行登记保存物品清单

××省××市食品药品监督管理局（公 章）

二○○六年五月二十九日

本通知书于2006年5月30日9时20分收到。

接收人签字：曾××

注：本文书一式二联，第一联存档，第二联交当事人。

## 十五、解除（查封）扣押物品通知书

### （一）解除（查封）扣押物品通知书的概念

解除（查封）扣押通知书，是指着对（查封）扣押物品排除违法嫌疑后，向当事人发出解除物品控制的文书。它属于填写式文书。食品药品监督管理行政机关对查封、扣押的物品，应当在7日内作出是否立案的决定；需要检验的，应当自检验报告书发出之日起15日内作出是否立案的决定。对不符合立案条件的，食品药品监督管理行政机关应当填写《解除（查封）扣押物品通知书》，并填写《（解除（查封）或者扣押）物品清单》解除查封、扣押。解除查存、扣押后应即时向当事人退还被查封扣押的物品。

### （二）文书结构及制作要求

解除（查封）扣押物品通知书由首部、正文、尾部、附项构成。

1．首部　包括标题、文书编号、当事人姓名或者单位名称。

2．正文　注明采取查封扣押物品的日期和《(查封）扣押物品通知书》的文书编号。

3．尾部　文书签发时间，并盖上发文食品药品监督管理行政机关的公章。

4．附项　该文书送达后，由接收人填写收到本通知书的时间并签字。

### （三）例文

××省××市食品药品监督管理局行政执法文书

## 解除（查封）扣押物品通知书

（×）食药解扣通［2006］×××号

---

××药店：

我局于2006年9月6日，以《（查封）扣押物品通知书》｛（×）食药扣通［2006］×××号｝中对《（查封）扣押物品清单》所列物品予以查封扣押，现予以全部解除封存。

附件：解除（查封）扣押物品清单

××省××市食品药品监督管理局（公 章）

二〇〇六年九月十一日

---

本通知书已于2006年9月12日10时20分收到。

接收人签字：周××

---

注：本文书一式二联，第一联存档，第二联交当事人。

---

## 十六、案件调查终结报告

### （一）案件调查终结报告的概念

案件调查终结报告，是指食品药品监督管理行政机关执法人员将已立案案件的调查情况、处罚建议等以书面形式报请领导审查的文书。它属于制作式内部文书，适用于按一般程序、听证程序办理的案件。

国家食品药品监督管理局对该文书未设定样式，但《药品监督行政处罚程序规定》第二十六条规定："调查终结，承办人应当写出案件调查终结报告。其内容应包括案由、案情、违法事实、证据、办案程序，违反法律、法规或者规章的具体条、款、项、目，处罚建议及承办人签字等。"实践中，承办人将调查的结果报请领导审查，必须以书面形式，因此，制作案件调查终结报告是十分必要的。

### (二) 文书结构及制作要求

案件调查终结报告由首部、正文、尾部构成。

1. 首部　包括标题、案由、当事人基本情况。

2. 正文　包括案情、违法事实、办案程序及相关证据，违反法律、法规或者规章具体条、款、项、目，处罚建议。

(1) 案情、违法事实、办案程序及相关证据　具体内容包括简要说明案件的来源和概况，包括立案时间等。违法事实是该文书的重点，应当详写，包括当事人实施违法行为的时间、地点、违法物品的名称、数量、来源、销售（使用）情况、违法金额、产生后果，以及有关从重、从轻、减轻、免除处罚的情节；违法事实一般按时间顺序叙述，若有多个违法行为的，可以归类叙述；书写违法事实应做到内容真实、条理清楚。办案程序应写明立案、调查等活动是否按照法律规定程序进行，如对涉案物品采取先行登记保存、查封、扣押强制措施后，有否按照法律规定期限作出行政处理决定等应写明，以说明办案程序是否合法。相关证据应一一列举证据，并就各证据所能证明的事实加以说明。

(2) 违反法律、法规或者规章具体条、款、项、目　应写明违反法律、法规、规章的具体条、款、项、目；违反多个法律、法规或者规章规定的，书写顺序应先写实体法后写程序法，先引用处罚所适用的主要依据，后引用辅助的依据，所适用的依据若有效力不同的，应先写效力高的，后写效力低的。

(3) 处罚建议　应写明当事人的违法行为性质，处罚所依据的相关法律、法规或者规章具体条、款、项、目；当事人若有从重、从轻、减轻、免除处罚情节的，应予以说明；具体处罚建议，应逐条写明，并做到条理清楚。

3．尾部　承办人签名和写作日期。

（三）例文

××医院涉嫌使用劣药氧氟沙星胶囊案

## 调查终结报告

一、案由：涉嫌使用劣药氨苄西林注射液案

二、当事人的基本情况

被处罚单位：××医院，地址：本市××路×号，邮编：××××××，联系电话：××××××××。

法定代表人：钱××，性别，男，年龄51岁，住址：本市××路×号。

三、案情、违法事实、办案程序及相应的证据

2006年9月27日，我局收到省药检所《检验报告》（编号××××××××），据该报告书，在全省计划抽验中，由××医院供样的氧氟沙星胶囊（生产厂家：江苏××药业集团有限公司，批号：××××××××，检品编号CK××××××）含量测定不符合国家药品标准，认定为劣药；9月28日立案调查，9月29日我们到该院现场检查，院方提供了该批药品购进票据、凭证、账单、药品验收单、进出库单据、中心药房和门诊药房使用该批药品记录，提供了供货方××医药有限公司资质等有关证明材料，查看了库存，扣押了尚未售出氧氟沙星胶囊37盒，并对有关人员进行调查取证。经调查表明，2006年6月7日××医院向××医药有限公司购进标示为江苏××药业集团有限公司生产的批号××××××××铝塑包装的氧氟沙星胶囊1000盒（规格：0.1g×12粒/盒），每盒购进价12元。至9月29日，该院已使用该批药品963盒，每盒售出价14.40元，共收入13867.20

元。调查中，院长钱××、药房主任李××承认了上述事实，钱××对编号××××××××《检验报告》无异议，表示放弃申请复验权利、听证权利。××医药有限公司证实该批药品确系××医院向该公司购进的。10月21日本案调查终结。本案自审查立案以来，整个程序均按法律规定进行，程序合法。

上述事实有下列证据予以证明：1. ××医药有限公司的发票、企业法人《营业执照》、《药品经营许可证》，证实××医院向具有药品经营资格的企业购进氧氟沙星胶囊的时间、数量等情况；2. 抽样凭证及××省药品检验所出具的编号××××××××《检验报告》书，证实××医院使用的氧氟沙星胶囊含量不符合国家标准，属于劣药；3. ××医院医疗机构执业证书复印件，证明该院具备药品使用资格；4. ××医院的药品购进、验收记录、进出库单据等证实该医院购进氧氟沙星胶囊后进行了检查验收及真实完整的购进情况；5. 扣押的氧氟沙星胶囊37盒，证实××医院使用的氧氟沙星胶囊确系编号××××××××《检验报告》所检验的药品是同一批药品；6. 现场检查笔录、照片及中心药房、门诊药房使用记录等，证实××医院现场检查的有关情况、库存情况、氧氟沙星胶囊售价14.40元/盒、违法所得等情况；7. 当事人钱××的陈述，证实购进该批氧氟沙星胶囊的时间、数量、价格、使用及放弃申请复验和听证权利等情况；8. 证人李××证言、证实购进该批氧氟沙星胶囊的时间、数量、价格、使用等情况。

四、违反法律、法规或者规章具体条、款、项、目

××医院使用含量不符合国家标准的氧氟沙星胶囊行为，违反了《中华人民共和国药品管理法》第四十九条第一款的规定。

五、处罚建议

××医院使用含量不符合国家标准的氧氟沙星胶囊行为，违反了《中华人民共和国药品管理法》第四十九条第一款的规定，依据《中华人民共和国药品管理法》第七十五条、《中华人民共和国药品管理法实施条例》第六十八条的规定，应给予没收违法所得及尚未使用的药品，并处货值金额二倍罚款。鉴于本案当事人所使用的该批氧氟沙星胶囊是向具备药品经营资格的企业购进的，购进时对药品进行了检查验收，有完整的药品购进记录，且其主观上不知道所使用的药品系劣药，因此本案应适用《中华人民共和国药品管理法实施条例》第八十一条规定，对当事人给予没收违法所

得及尚未销售的劣药氧氟沙星胶囊，免除其他行政处罚。为此建议，责令××医院改正违法行为，根据《中华人民共和国药品管理法》第七十五条、《中华人民共和国药品管理法实施条例》第六十八条、第八十一条规定，对××医院给予如下行政处罚：没收违法所得13867.20元及未使用的劣药氧氟沙星胶囊37盒。

承办人：林××　　余××

2006年10月21日

# 第三节　处罚决定文书

## 一、案件合议记录

### （一）案件合议记录的概念

案件合议记录，是指在案件调查终结后，由处（科、股）负责人组织案件承办人及有关人员对案件进行综合分析、审议时记录案件讨论情况的文字记录。案件合议记录属于记录话语的笔录式内部文书，除适用简易程序当场处罚的案件外，对调查终结的案件进行合议，是作出行政处罚决定的必经程序，承办人都应当提请处（科、股）负责人组织案件合议，并填写案件合议记录。参加合议人员至少3人以上，记录人员应逐一填写参加合议人员的姓名。

### （二）文书结构及制作要求

案件合议记录由首部、正文、尾部构成。

1．首部　包括标题、页码情况、案由、当事人姓名、合议时间和地点、参加人员姓名。其中主持人、合议人员、记录人应填写姓名，不可用职务代替。

2．正文　包括承办人员汇报案情（事实、证据、依据、办案程序)，讨论记录，合议意见。

承办人员汇报案情应记述案发时间、地点、行为人员姓名及所属单位、违法物品名称、数量、违法金额及产生后果等内容。如果多次进行违法行为的，应将每次违法事实表述出来。应列举已经查实的，对案件事实认定有证明作用的所有证据。应当列明对本案定性和处罚援引的法律条款，对办案程序方面作一简要说明，提出处罚建议。

讨论记录，应当如实逐一记录讨论中合议人员依次发表的意见，对不同意见或保留意见应当如实记录。合议记录按合议人员发言次序分别列段记录。发言人员凡与前发言观点相同的，可只记结论性观点，但与前发言的观点持不同意见的，应当具体记录。

合议意见，是在合议人员发表意见后形成的综合处理意见，应当写明对违法行为的定性结论，违反的法律、法规和规章条款以及处罚的依据和具体的处罚建议，参加合议人员有不同意见的应当予以注明。

3．尾部　是参加合议人员的签字。合议结束后，记录人将合议记录交主持人和参加合议人员核对无误后，分别签字。

（三）例文

××省××市食品药品监督管理局行政执法文书

## 案件合议记录

第 1 页共 2 页

案由：涉嫌无证经营药品案　　当事人：唐××

合议时间：2006.7.19　主持人：黄××　地点：本局稽查处办公室

合议人员：黄××、林××、陈××、张××、丁××　记录人：丁××

承办人员汇报案情（事实、证据、依据、办案程序）：

林××：2006年5月~2006年6月29日，唐××以本市××医药股份有限公司药品经营部名义从事药品经营活动，从本市××制药有限公司、××制药厂、广东××制药厂等单位购进药品，销售给本市××诊所、××药店、××大药房等十几个单位。今年6月29日，我局根据公民举报，查获郑××设在本市××路××号原××百货公司仓库的药品仓库，异地查封了郑××药品37种，货值金额73210元（详见查封物品清单）。经供货单位确认，查封的药品均为唐××以××医药股份有限公司药品经营部名义向他们购进的。经调查，唐××原系××医药股份有限公司药品经营部业务员，今年2月停薪留职。之后，他利用原来的进货、销售渠道以及原来保存的××医药股份有限公司《药品经营许可证》等复印件和药品经营部的介绍信、单据，从事药品经营活动。上述事实，有举报信、本市××医药股份有限公司提供的该公司药品经营部的今年1~6月份工资册、唐××停薪留职报告、该公司药品经营部今年1~6月进货清单、该公司法定代表人郑××和药品经营部负责人邱××调查笔录、对唐××设在原××百货公司的药品仓库现场检查笔录、现场拍摄的照片、录像资料、药品销售单据、唐××调查笔录、唐××雇用人员林××、王××调查笔录、本市××制药有限公司、××制药厂、广东××制药厂等供货单位供货凭证或发票和有关证明材料、送货司机曲××、许××调查笔录、本市××诊所、××药店、××大药房等十几个向唐××进货单位的购进药品凭证以及被查封的药品等证据加以证实。

唐××无证经营药品行为，已违反《中华人民共和国药品管理法》第十四条第一款规定，依照《中华人民共和国药品管理法》第七十三条之规定，对唐××应予以行政处罚。

我们在调查取证、采取行政强制措施过程中，注意亮证执法，充分听取当事人的陈述申辩，履行了法定的告知义务，办案未超时限，程序合法。

处罚建议：1. 取缔其违法经营药品行为；2. 没收尚未销售查封的药品；3. 没收违法所得38700元；4. 处以违法经营药品货值金额三倍罚款即219630元。

本案办案程序均按法律规定进行，现鉴于对唐××拟处罚款金额较大，建议按听证程序处理该案。由于唐××非法经营药品金额较大，可能构成犯罪，建议行政处罚后，立即移送司法机关追究刑事责任。

主持人签字：黄××

合议人员签字：林××、陈××、张××　　记录人签字：丁××

××省××市食品药品监督管理局行政执法文书

## （案件合议记录）副页



黄××：张××（本案另一个承办人）对本案情况有否补充或说明？

张××：我们已多次交换意见，林××的汇报很清楚，我没有补充意见。

讨论记录：

黄××：现在请大家结合案情谈谈具体意见。

陈××：通过两个承办人的汇报，我个人认为本案事实清楚，证据充分，同意承办人提出的处罚建议。另外对提供药品货源给唐××本市××制药有限公司、××制药厂、广东××制药厂等单位和向唐××购药的××诊所、××药店、××大药房等十几个单位应否分别予以另案处理。

林××：对于这个问题，我们也讨论过，因为唐××利用原来的进货、销售渠道以及原来保存的××医药股份有限公司《药品经营许可证》等复印件和药品经营部的介绍信、单据，从事药品经营活动，使得供货单位和进货单位难以辨别，现在还没有证据证明这些单位明知唐××无证经营药品，还向他供货或进货，我们建议待有证据时再追究他们的法律责任。

丁××：我同意承办人提出的处罚建议。

黄××：通过承办人的汇报，并听取大家讨论意见，本案承办人认定的事实清楚，证据充分，定性准确，承办人提出的处罚建议合理合法，本案就按承办人提出的处罚建议处理。你们有否不同意见？

陈××：没有。

丁××：没有。

林××：没有。

张××：没有。

合议意见：

一致意见：唐××无证经营药品行为，违反了《中华人民共和国药品管理法》第十四条第一款的规定。根据《中华人民共和国药品管理法》第七十三条的规定，对唐××作出以下行政处罚建议：1. 取缔其违法经营药品行为；2. 没收尚未销售查封的药品；3. 没收违法所得38700元；4. 处以违法经营药品货值金额三倍罚款，即219630元。

发出听证告知书，告知唐××有要求听证的权利。

注：该文书为相关执法文书的续页。

主持人签字：黄××　　合议人员签字：林××、陈××、张××

记录人签字：丁××

## 二、撤案申请表

### （一）撤案申请表的概念

撤案申请表，是指案件立案后，经调查确认违法事实不存在或者属于不予行政处罚的情形，承办人报请主管领导批准撤案的文书。它属于制作式内部文书。依法不予行政处罚的情形有：《中华人民共和国行政处罚法》第二十五条规定："不满十四周岁的人有违法行为的，不予行政处罚，责令监护人加以管教"；第二十六条规定："精神病人在不能辨认或者不能控制自己行为时有违法行为的，不予行政处罚，但应当责令其监护人严加看管和治疗"；第二十七条第二款规定："违法行为轻微并及时纠正，没有造成危害后果的，不予行政处罚"；第二十九条第一款规定："违法行为在二年内未被发现的，不再给予行政处罚，法律另有规定的除外"；第三十八条第一款第（二）项规定："违法行为轻微，依法可以不予行政处罚的，不予行政处罚"。

撤案后应及时将撤案决定告知当事人。

（二）文书结构及制作要求

撤案申请书由首部、正文、尾部构成。

1. 首部　包括标题、文书编号、案由、当事人基本情况、案件来源、立案时间。

2. 正文　包括案情调查摘要、撤案理由、承办人签字和申请时间。

案情调查摘要，应写明经调查所掌握的事实情节和相应的证据材料，这些情节和材料应与撤案理由相呼应。撤案理由，应有撤案的法律事实和相应的法律依据。承办人员应当签字，并注明时间。

3. 尾部　包括审核意见和审批意见。审核意见由案件承办机构负责人提出，签字并注明时间；审批意见由行政机关主管领导提出，签字并注明时间。

（三）例文

××省××市食品药品监督管理局行政执法文书

**撤案申请表**

（×）食药撤申［2006］×××号

---

案由：涉嫌向无证企业购进药品案　　当事人：××药店

法定代表人（负责人）：马××

地 址：本市××路××号　　邮编：××××××

联系电话：×××××××××

案件来源：药品经营检查　　立案时间：2006年1月23日

---

案情调查摘要：

2006年1月23日，在春节前安全检查中，××药店无法提供其销售的三九感冒灵冲剂、乙酰螺旋霉素片两种药品的进货凭证，被我局以涉嫌向无证企业购进药品为由立案调查。2月3日，该店向我们提供了供货方××医药公司资质材料、发票等证据。经向供货单位核实，确认××药店这两种药品是向××医药公司购进。

撤案理由：

××药店购进三九感冒灵冲剂、乙酰螺旋霉素片两种药品渠道合法，根据《中华人民共和国行政处罚法》第三十八条第一款第（三）项、《药品监督行政处罚程序规定》第二十七条第（三）项规定，建议撤案。

承办人：巩××、林××

2006年2月5日

| | |
|---|---|
| 审核意见：<br>同意撤案，报局领导审批。<br>机构负责人：钱××<br>2006年2月5日 | 审批意见：<br>同意撤案。<br>主管领导：朱××<br>2006年2月6日 |

## 三、行政处罚事先告知书

### （一）行政处罚事先告知书的概念

行政处罚事先告知书，是指行政处罚决定之前，告知当事人作出行政处罚决定的理由、违法事实、依据（拟处罚种及罚没款幅度）以及当事人依法享有陈述申辩权利的文书。它属于填写式文书。除适用简易程序当场作出行政处罚的案件外，按一般程序进行行政处罚的药品、医疗器械违法案件，行政机关在作出行政处罚决定之前，应当告知当事人作出行政处罚决定的事实、理由及依据，并告知当事人依法享有的权利，均必须制作行政处罚事先告知书。制作该文书是食品药品监督管理行政机关履行告知义务在法律文书上的体现，是行政处罚必经程序。未向当事人告知给予行政处罚的事实、理由和依据，或者拒绝听取当事人的陈述、申辩，行政处罚决定不能成立，当事人放弃陈述和申辩权利的除外。

（二）文书结构及制作要求

行政处罚事先告知书由首部、正文、尾部、附项构成。

1. 首部　包括标题、文书编号。

2. 正文　包括当事人名称或姓名、告知内容。告知内容有违法行为、依据、拟作出的行政处罚。当事人的具体违法行为填写应简明扼要，内容一般有违法时间、地点、情节、违法物品数量、货值金额及剩余物品数量和价格等。案件涉及多个违法行为的，应当依次分项列明。依据，援引何种法律应明确，条款应具体。拟作出的行政处罚内容有数项的，应当以阿拉伯数字1、2、3、……依次列明。所告知的陈述、申辩时间一般为3日内，也可另行约定，但应确保办案时限不超过法律规定。

3. 尾部　文书签发时间，并盖上发文食品药品监督管理行政机关的公章。

4. 附项　该文书送达后，由接收人填写收到本告知书的时间并签字。

（三）例文

××省××市食品药品监督管理局行政执法文书

**行政处罚事先告知书**

（×）食药罚先告［2006］×××号

---

××医院：

你（单位）2006年3月5日至5月17日使用劣药盐酸左氧氟沙星胶囊的行为，违反了《中华人民共和国药品管理法》第四十九条第一款的规定。

依据《中华人民共和国药品管理法》第七十五条、《中华人民共和国药品管理法实施条例》第六十八条、八十一条的规定，我局拟对你（单位）进行1．没收未售出的劣药盐酸左氧氟沙星胶囊12盒；2．没收违法所得2914元的行政处罚。

依据《中华人民共和国行政处罚法》第六条第一款、第三十一条规定，你（单位）可在2006年6月18日之前到本局稽查科进行陈述和申辩。逾期视为放弃陈述和申辩。

特此告知。

××省××市食品药品监督管理局（公 章）

二〇〇六年六月十五日

---

本告知书已于2006年6月15日17时10分收到。

接收人签字：金××（签字）

---

注：本文书一式二联，第一联存档，第二联交当事人。

---

## 四、陈述申辩笔录

### （一）陈述申辩笔录的概念

陈述申辩笔录，是指在向当事人送达行政处罚事先告知书后，记录当事人陈述申辩意见的文书。它属于记录话语的笔录式文书。当事人委托代理人进行陈述、申辩的，必须有当事人出具的委托书及委托代理人的身份证明。当事人提供文字陈述申辩材料的，应当随卷保存。食品药品监督管理行政机关必须充分听取当事人的陈述和申辩，并当场填写陈述申辩笔录，当事人提出的事实、理由或者证据经复核成立的，应当采纳。食品药品监督管理行政机关不得因当事人申辩而加重处罚。陈述申辩笔录填写完毕后，应当将笔录交给陈述申辩人核对或者当场宣读，陈述申辩人在核对笔录时，要求修改或补充原陈述内容的，可以直接在笔录上修改，陈述申辩人应当在每页修改或补充处签字或按指纹。陈述申辩人确认调查笔录无误后，在笔录上逐页签字或者按指纹，并在笔录终了处注明对笔录真实性的意见，即在笔录终了处顶格注明"以上情况属实"的字样。陈述申辩人拒绝签字或者按指纹的，应当由2名以上执法人员在笔录上签字并注明情况。

### （二）文书结构及制作要求

陈述申辩笔录由首部、正文、尾部构成。

1．首部　包括标题、页码情况、案由、当事人基本情况、陈述和申辩时间和地点、承办人和记录人姓名。

2．正文　笔录应真实、全面地记录陈述申辩人对案件事实、处罚理由和依据、执法程序等陈述申辩意见，准确记录陈述申辩原话原意。对当事人提出的新的事实和证据要记录完整。

3．尾部　陈述申辩笔录经陈述申辩人核对无误后，陈述申辩人应当在笔录上逐页签字或者按指纹，并在笔录终了处注明对笔录真实性的意见，签字并注明日期。笔录修改处，应当由陈述申辩人签字或者按指纹。承办人和记录人也应签字并注明日期。

### （三）例文

××省××市食品药品监督管理局行政执法文书

**陈述申辩笔录**

第1页共1页

---

案　由：涉嫌生产劣药维C银翘片案　当事人：本市××制药有限公司

法定代表人（负责人）：余××　　陈述、申辩人：余××

电话：××××××××

通讯地址：本市××路××号××　　邮编：××××××

陈述和申辩时间：2006年10月23日9时20分至10时20分

陈述和申辩地点：本局稽查科　承办人：陈××、孙××　记录人：孙××

---

陈述和申辩内容：

问：我们是××市食品药品监督管理局执法人员，这是我们的《行政执法证》，陈××证号××××××××××××、孙××证号××××××××××××。《行政处罚事先告知书》收到了吗?

答：××制药有限公司涉嫌生产劣药维C银翘片一案的《行政处罚事先告知书》，我已于2006年10月20日收到，现要对该案有关情况进行陈述申辩。

问：你对该案定性、处罚等方面有何意见、理由和依据?

答：你局认定我公司生产的维C银翘片（批号××××××××）为劣药的依据是××省××市药检所×××××××检验报告书。该报告书检验项目不合格是因为国家标准规定每片含维生素C应为标示量的90.0%～110.0%，而检验结果为81.9%。该报告书供样单位是××省××市××药店。由于维生素C极易氧化分解，该报告书中本品维生素C含量偏低，与供样单位储存等条件有关。我公司有该批次药品留样，我们请求对留样的该批次药品进行抽验，如果检验不合格，我们愿罚；如果合格，请考虑免除处罚。

问：你还有什么补充吗?

答：没有了。

以上笔录已阅，属实。

余×× 2006.10.23

陈述申辩人签字：余××　　承办人签字：陈××

记录人签字：孙××

2006.10.23　　2006.10.23

---

## 五、重大案件集体讨论记录

### （一）重大案件集体讨论记录的概念

重大案件集体讨论记录，是指对于重大、复杂、拟给予较重行政处罚的案件，由食品药品监督管理行政机关负责人集体讨论时所作的文字记录。该文书属于记录话语的笔录式内部文书，对情节复杂或者重大违法行为给予较重的行政处罚，行政机关的负责人应当集体讨论决定，并填写重大案件集体讨论记录。主持人是行政机关主管领导，参加人是指对案件进行讨论有表决权的行政机关领导成员，汇报人一般是案件承办人员。

重大是指社会影响大，危害后果严重，涉及面广等。

复杂是指案情复杂、曲折、调查困难、认定困难等。

处罚较重是指责令停产停业、吊销许可证或者批准证明文件、较大数额罚款。

### （二）文书结构及制作要求

重大案件集体讨论记录由首部、正文、尾部构成。

1．首部　包括标题、页码情况、案由、当事人名称或者姓名、讨论时间和地点、参加讨论人员姓名。

2．正文　包括主要违法事实（证据、依据、办案程序及处罚意见）、讨论记录、讨论决定。

主要违法事实由案件承办人员汇报案情，应记述案发时间、地点、行为人员姓名及所属单位、违法物品名称、数量、违法金额及产生后果等内容。如果多次进行违法行为的，应将每次违法事实表述出来。应列举已经查实的，对案件事实认定有证明作用的所有证据。应当列明对本案定性和处罚，援引的法律条款，并对办案程序方面作一简要说明，提出处罚建议。

讨论记录，应当如实逐一记录讨论中有表决权人员依次发表的意见，对不同意见或保留意见应当如实记录。讨论记录按有表决权人员发言次序分别列段记录。发言人员凡与前发言观点相同的，可只记结论性观点，但与前发言的观点持不同意见的，应当具体记录。

讨论决定，是在有表决权的人员发表意见后形成的综合处理意见，应当写明对违法行为的定性结论，违反的法律、法规和规章条款以及处罚的依据和具体的处罚建议，有表决权人员有不同意见的应当予以注明。

3. 尾部　是参加讨论人员的签字。讨论结束后，记录人将讨论记录交主持人和参加讨论人员核对无误后，分别签字。

（三）例文

××省××市食品药品监督管理局行政执法文书

## 重大案件集体讨论记录

第 1 页共 2 页

---

案 由：涉嫌生产假药头孢克肟胶囊案　当事人：本市××医院

讨论时间：2006 年 3 月 23 日　地 点：本局第二会议室

主 持 人：张××　汇报人：庄××、林××　记录人：杨××

参加人：陈××、吴××、卢××、许××

---

主要违法事实（证据、依据、办案程序及处罚意见）：

2006 年 1 月 10 日，本市××医院向江苏××制药厂购进 1kg 头孢克肟原料药。之后，向××药品包装材料厂购进空心胶囊及外包装材料。1 月 15～18 日，该院未取得《医疗机构制剂许可证》，未经批准擅自配制头孢克肟胶囊 1000 瓶，规格：100mg×10 粒/瓶。至 3 月 2 日，已售出 639 瓶，每瓶售价 78 元，违法所得 49842 元。未售出的头孢克肟胶囊 361 瓶已被我局扣押。

主要证据：1. 该医院提供的《医疗机构执业许可证》复印件；2. 向

××制药厂购进头孢克肟原料药发票、供货方资质等材料，及该院付款凭证；3. 购进头孢克肟胶囊的包装材料发票、供货方资质等材料，及该院付款凭证；4. 销售这批药品的单据、发票；5.《调查笔录》；6.《现场检查笔录》；7. 药品检验报告书等。

××医院的行为违反了《中华人民共和国药品管理法》第四十八条第一款和第二十条第一款的规定。按行为竞合择重而罚的法理原则，对其应以销售假药行为依据《中华人民共和国药品管理法》第七十四条的规定，从重处罚。建议处罚如下：1. 没收已扣押的头孢克肟胶囊 361 瓶；2. 没收违法所得 49842 元；3. 处以该批药品货值金额五倍的罚款，计 39 万元。

本案调查取证、采取行政强制措施过程中，充分听取当事人的陈述申辩，履行了法定的告知义务，已向当事人送达《听证告知书》，当事人对《听证告知书》告知的事项无异议，表示放弃听证权利。办案未超时限，程序合法。

本案销售金额 49842 元，不足 5 万元，且未发现危害人体健康或可能危害人体健康的证据和事件，因此，本案虽然社会危害性较大，但尚未达到追究刑事责任的追诉标准。

讨论记录：

张××：今天会议议题是讨论××医院生产销售假药头孢克肟胶囊一案，现由承办人庄××、林××汇报案情。

---

主持人签字：张××

参加人员签字：陈××、吴××、卢××、许××　记录人签字：杨××

---

## ××省××市食品药品监督管理局行政执法文书

## （重大案件集体讨论记录）副页



---

庄××：汇报案情……（详见案件调查终结报告）。

林××：我没有什么补充的，庄××已经汇报清楚了。

张××：××医院不具备配制医院制剂资格，未经批准生产、销售头孢克肟胶囊一案，刚才承办人员庄××已详细介绍了有关情况，现请大家发表意见。

陈××：××医院不具备配制医院制剂资格，未经批准生产、销售头孢克肟胶囊行为，事实清楚，证据确凿，社会危害性较大，我同意承办人的意见，对××医院予以从重处罚。

吴××：××医院在这起案件调查过程中有隐匿证据、隐瞒事实的行为，对其应从重处罚，以起到惩戒和教育的作用，具体处罚意见同意承办人意见。

卢××：我同意承办人的意见。

许××：我同意承办人的意见。

张××：今天讨论，大家意见一致，本案认定事实清楚、证据确凿、办案程序合法，案件的定性和具体处罚意见就按承办人提出的意见处理。

讨论决定：

××医院未取得《医疗机构制剂许可证》，未经批准擅自配制头孢克肟胶囊的行为，违反了《中华人民共和国药品管理法》第四十八条第一款和第二十条第一款的规定。依据《中华人民共和国药品管理法》第七十四条的规定，给予如下行政处罚：1. 没收已扣押的头孢克肟胶囊361瓶；2. 没收违法所得49842元；3. 处以该批药品货值金额五倍的罚款计39万元。

---

主持人签字：张××

参加人员签字：陈××、吴××、卢××、许××　记录人签字：杨××

---

## 六、行政处罚审批表

### （一）行政处罚审批表的概念

行政处罚审批表，是指对依法适用行政处罚的案件，在当事人陈述申辩后，由承办人报请处（科、股）负责人审核，并经主管领导审批的文书。也是食品药品、医疗器械行政处罚必经的程序。该文书属于制作式内部文书，对违法事实清楚、证据确凿、程序合法，依据食品药品、医疗器械管理法律、法规、规章的规定，应当给予行政处罚的，由承办人填写行政处罚审批表，经承办机构负责人填写审核意见后，报食品药品监督管理行政机关主管领导审批。主管领导审批日期，即为食品药品监督管理行政机关作出行政处罚决定的日期。

### （二）文书结构及制作要求

行政处罚审批表由首部、正文、尾部构成。

1．首部　包括标题、案由、当事人名称或者姓名。

2．正文　包括主要违法事实、依据、拟作出的行政处罚、承办人签字和填写审批表时间。当事人的主要违法事实应简明扼要概述，内容一般有违法时间、地点、情节、违法物品数量、货值金额及剩余物品数量和价格等。案件涉及多个违法行为的，应当依次分项列明。依据、援引何种法律应明确，条款应具体。拟作出的行政处罚内容有数项的，应当以阿拉伯数字 1、2、3、……依次列明。

3．尾部　包括审核意见和审批意见。审核意见由案件承办机构负责人提出，签字并注明时间；审批意见由行政机关主管领导提出，签字并注明时间。

### （三）例文

××省××市食品药品监督管理局行政执法文书

## 行政处罚审批表

（×）食药行罚审［2006］×××号

案 由：向无证企业购进一次性使用的无菌注射器案　当事人：××卫生院

主要违法事实：

2006年3月29日，××卫生院向自称××医药公司业务员李××（经调查，李××不是××医药公司业务员，是无证医疗器械经营者）购进1000支一次性使用的无菌注射器，每支购进价0.40元，售出价格1.00元。至案发之日，已使用819支，尚存181支，销售收入819元。

该单位上述行为违反了《中华人民共和国医疗器械监督管理条例》第二十六条第一款的规定，依据《中华人民共和国医疗器械监督管理条例》第四十二条 的规定，经合议，建议给予以下行政处罚：

1. 没收违法购进的尚存的181支一次性使用的无菌注射器（已扣押）；
2. 没收违法所得819元；
3. 罚款5000元。

案件承办人：周××、朱××

2006年5月16日

| 审核意见： | 审批意见： |
| --- | --- |
| 同意合议意见，报局领导审批。 | 同意处罚建议。 |
| 机构负责人：高×× | 主管领导：黄×× |
| 2006年5月16日 | 2006年5月17日 |

## 七、行政处罚决定书

### （一）行政处罚决定书的概念

行政处罚决定书，是指食品药品监督管理行政机关对事实清楚、证据确凿的违法案件，依照法定程序对违法当事人作出行政处罚决定的文书。该文书属于制作式文书。处罚决定书中认定事实、证据、适用法律、处罚主文等部之间必须能相互对应，前后一致。行政处罚决定书应载明行政处罚的履行方式和期限，以及不服行政处罚决定申请行政复议或提起行政诉讼的途径和期限。行政处罚决定书应载明作出行政处罚决定的食品药品监督管理行政机关名称和作出决定的日期，且必须盖有公章。行政处罚内容有没收假劣药品、医疗器械或者有关物品的，《行政处罚决定书》应当附有《没收物品凭证》。处罚决定书应当在宣告后当场交付当事人，当事人不在场的，应在7日内按照《中华人民共和国民事诉讼法》的规定送达当事人。

行政处罚的证据应当符合最高人民法院《关于行政诉讼证据若干问题的规定》的有关规定。书证应当符合下列要求：提供书证的原件，原本、正本和副本均属于书证的原件。提供原件确有困难的，可以提供与原件核对无误的复印件、照片、节录本；提供由有关行政机关保管的书证原件的复制件、影印件或者抄录件的，应当注明出处，经该行政机关核对无异后加盖其印章；提供报表、图纸、会计账册、专业技术资料、科技文献等书证的，应当附有说明材料；提供的询问、陈述、谈话类笔录，应当有行政执法人员、被询问人、陈述人、谈话人签名或者盖章。法律、法规、司法解释和规章对书证的制作形式另有规定的，从其规定。

物证应当符合下列要求：提供原物。提供原物确有困难的，可以提供与原物核对无误的复制件或者证明该物证的照片、录像等其他证据；原物为数量较多的种类物的，提供其中的一部分。

计算机数据或者录音、录像等视听资料应当符合下列要求：提供有关资料的原始载体。提供原始载体确有困难的，可以提供复制件；注明制作方法、制作时间、制作人和证明对象等；声音资料应当附有该声音内容的文字记录；以有形载体固定或者显示的电子数据交换、电子邮件以及其他数据资料，其制作情况和真实性经对方当事人确认，或者以公证等其他有效方式予以证明的，与原件具有同等的证明效力。

证人证言应当符合下列要求：写明证人的姓名、年龄、性别、职业、住址等基本情况；有证人的签名，不能签名的，应当以盖章等方式证明；注明出具日期；附有居民身份证复印件等证明证人身份的文件。

鉴定结论，应当载明委托人和委托鉴定的事项、向鉴定行政机关提交的相关材料、鉴定的依据和使用的科学技术手段、鉴定行政机关和鉴定人鉴定资格的说明，并应有鉴定人的签名和鉴定行政机关的盖章。通过分析获得的鉴定结论，应当说明分析过程。

下列证据材料不能作为定案依据：严重违反法定程序收集的证据材料；以偷拍、偷录、窃听等手段获取侵害他人合法权益的证据材料；以利诱、欺诈、胁迫、暴力等不正当手段获取的证据材料；当事人无正当事由超出举证期限提供的证据材料；在中华人民共和国领域以外或者在中华人民共和国香港特别行政区、澳门特别行政区和台湾地区形成的未办理法定证明手续的证据材料；当事人无正当理由拒不提供原件、原物，又无其他证据印证，且对方当事人不予认可的证据的复制件或者复制品；被当事人或者他人进行技术处理而无法辨明真伪的证据材料；不能正确表达意志的证人提供的证言；不具备合法性和真实性的其他证据材料。以违反法律禁止性规定或者侵犯他人合法权益的方法取得的证据，不能作为认定案件事实的依据。

证明同一事实的数个证据，其证明效力一般可以按照下列情形分别认定：国家机关以及其他职能行政机关依职权制作的公文文书优于其他书证；鉴定结论、现场笔录、勘验笔录、档案材料以及经过公证或者登记的书证优于其他书证、视听资料和证人证言；原件、原物优于复制件、复制品；法定鉴定行政机关的鉴定结论优于其他鉴定行政机关的鉴定结论；法庭主持勘验所制作的勘验笔录优于其他行政机关主持勘验所制作的勘验笔录；原始证据优于传来证据；其他证人证言优于与当事人有亲属关系或者其他密切关系的证人提供的对该当事人有利的证言；出庭作证的证人证言优于未出庭作证的证人证言；数个种类不同、内容一致的证据优于一个孤立的证据。

## （二）文书结构及制作要求

行政处罚决定书由首部、正文、尾部构成。

1．首部　包括标题、文书编号、被处罚人名称或者姓名和基本情况。应载明当事人的姓名或者名称、住址或地址。当事人的姓名或者名称应以《身份证》、《营业执照》、《医疗机构执业许可证》登记的为准，如《营业执照》登记的名称与《药品经营许可证》登记的名称不一致，应以《营业执照》登记的名称为准。

2．正文　包括主要违法事实、有关证据、依据、处罚决定、缴纳罚款银行、救济途径。当事人的违法事实包括违法时间、地点、情节、违法物品数量、违法所得、货值金额及剩余物品数量和价值等内容，有否从重、从轻、减轻、免除处罚情节，这些相关情节亦属违法事实范畴，应当记述；违法事实必须是已经查证属实的。案件涉及检验、鉴定的，认定违法事实时应写明检验报告或鉴定结果。叙述违法事实应使用简洁明了的文字，不得使用不确定或者模糊的语言，如可能、应该、大约等。叙述违法事实要根据案件具体情况，采取不同的叙述方法。一般按时间顺序叙述，对有多个违法行为的案件，可按情节先重后轻顺序叙述。案件涉及多个违法行为的，应当分别按照有关法律、法规或者规章的规定，依次分项列明。

有关证据，作为定案依据的证据应具有“三性”，即合法性、客观性、关联性。单一证据不能作为定案依据，必须是与违法事实相关联的证据，如：现场检查笔录、调查笔录、销售凭证、检查报告书、照片以及各种物证等互相印证形成证据链，才能作为定案依据（证据的要求如上述）。

依据，本文书援引法律、法规、规章应写全称，引用条文要具体到条、款、项、目。案件应适用多法多条规定时，应依次逐个引用。引用有关规定时应注意：（1）不能遗漏法条。如对被处罚人予以从轻处罚，必须适用《中华人民共和国行政处罚法》、

《中华人民共和国药品管理法实施条例》等有关从轻处罚的规定；对医疗机构使用假、劣药案进行处罚时，除应适用药品管理法相关规定，还应同时适用《中华人民共和国药品管理法实施条例》第六十八条的规定；（2）在引用多个法律或多个法条时，先引用所依据的主要法律，后引用相关辅助的法律，先引用所依据的主法条，后引用辅助法条，若引用的多个法律有效力高低时，先引用效力高的，后引用效力低的；（3）引用规章时，应在所适用的规章前注明规章的主体名称，如国家食品药品监督管理局《医疗器械经营企业许可证管理办法》。

处罚决定，内容有数项的，应当以阿拉伯数字1、2、3、……依次列明；表述应具体、完整与合法，如处没收应写明被没收财物的名称、数量；不能超出法定的行政处罚种类和幅度予以行政处罚。

救济途径，应写明被处罚人不服本行政处罚决定，申请行政复议或者提起行政诉讼的具体途径和期限。

3. 尾部　作出行政处罚决定的食品药品监督管理行政机关名称和作出决定的日期。行政处罚决定书必须盖有作出行政处罚决定的食品药品监督管理行政机关的公章。

（三）例文

××省××市食品药品监督管理局行政执法文书

**行政处罚决定书**

（×）食药行罚［2006］×××号

---

被处罚单位（人）：××兽药经营部

地 址（住址）：××县城关××路××号　　邮编：××××××

联系电话：×××××××

法定代表人（负责人）：甄××　性别男　年龄：53　职务：经理

---

经查，你单位有下列违法事实：

2006年7月3日，××兽药经营部向××医药公司购进硫酸庆大霉素注射液500盒、头孢曲松钠注射剂300支、青霉素钠注射剂10000支，未加盖“兽用”字样，即上柜台销售，至8月19日已售出硫酸庆大霉素注射液397盒、头孢曲松钠注射剂219支、青霉素钠注射剂1682支，违法所得8830元。

有关证据：

1．甄××身份证复印件；2．××兽药经营部《营业执照》、《兽药经营许可证》复印件；3．甄××的陈述；4．甄××制作的药品销售清单；5．××医药公司开具的药品销售发票；6．证人陈××的证言；7．现场检查笔录、照片；8．现场查获的硫酸庆大霉素注射液等药品；9．××医药公司营业执照、药品经营许可证复印件。

违反法律、法规、规章的条、款、项、目：

××兽药经营部未取得《药品经营许可证》经营药品的行为，违反了《中华人民共和国药品管理法》第十四条第一款规定。

处罚决定：

依据《中华人民共和国药品管理法》第七十三条的规定，决定处罚如下：1．取缔林××无《药品经营许可证》经营药品的行为；2．没收违法所得6448元及尚未销售的货值2070元的药品（见没收物品凭证）；3．罚款32700元。

请在接到本处罚决定书之日起15日内到××银行缴纳罚没款。逾期每日按罚款数额的3%加处罚款。逾期不履行处罚决定，我局将申请人民法院强制执行。

如不服本处罚决定，可在接到本处罚决定之日起60日内依法向××省食品药品监督管理局申请行政复议或3个月内向××市××区人民法院起诉。

××省××市食品药品监督管理局（公 章）

二〇〇六年九月十三日

---

注：本文书应为制作式，一式三份，分别用于存档、交被处罚单位（人）、必要时交人民法院强制执行。

---

## 八、没收物品凭证

### （一）没收物品凭证的概念

没收物品凭证，是指在行政处罚决定中适用没收物品罚种时填写的文书，必须附有没收物品清单。该文书属于填写式文书，与处罚决定书配套使用，所填写的内容必须与行政处罚决定书相吻合，落款时间应一致；适用于有没收物品（包括药品、医疗器械及相关物品和生产假劣药品的原辅材料、包装材料、生产设备等）行政处罚内容的行政处罚案件。行政处罚内容有没收假劣药品、医疗器械或者有关物品的，行政处罚决定书应当附有没收物品凭证，且同时送达。

### （二）文书结构及制作要求

没收物品凭证由首部、正文、尾部构成。

1. 首部　包括标题、文书编号、案由、当事人名称或者姓名和地址、执行机关名称。

2. 正文　包括没收物品的依据和没收物品清单。

3. 尾部　作出没收物品决定日期，并盖有作出没收物品决定的食品药品监督管理行政机关的公章。

### （三）例文

××省××市食品药品监督管理局行政执法文书

**没收物品凭证**

（×）食药没物［2006］×××号

---

案 由：销售劣药交沙霉素片案　　当事人：××药店

地 址：本市××路××号　　邮编：××××××

电话：××××××××××

执行机关：××市食品药品监督管理局

---

根据《行政处罚决定书》{（×）食药行罚［2006］×××号}的决定，对你（单位）的涉案物品执行没收。

附件：没收物品清单

××省××市食品药品监督管理局（公 章）

二〇〇六年九月二十九日

---

注：本文书一式三联，第一联存档，第二联交被处罚单位，第三联必要时交人民法院强制执行。

---

## 九、责令改正通知书

### （一）责令改正通知书的概念

责令改正通知书，是指食品药品监督管理行政机关在食品药品监督检查时或者案件调查中，对已经查明的违法行为，责令当事人改正或限期改正时填写的法律文书。它属于填写式文书。食品药品监督管理行政机关在案件调查时，对已有证据证明有违法行为的，应当出具责令改正通知书，责令其改正或者限期改正违法行为。责令限期改正的必须有合理的期限和复查的文字记录；当事人未在限期内改正违法行为的，可以作为从重处罚的一种情形。

## （二）文书结构及制作要求

责令改正通知书由首部、正文、尾部、附项构成。

1．首部　包括标题、文书编号。

2．正文　包括当事人名称或者姓名、违法行为、依据、改正期限、改正内容。

违法行为，应写明违法行为发生的时间、内容和行为方式。违法行为发生的时间不是指违法行为发现的时间。违反的法律、法规条款，是对违法行为定性的适用条款，而不是对违法行为处罚的适用条款。

责令改正违法行为分责令改正和责令限期改正违法行为。责令改正，是行政机关责成、命令违法行为人改正错误、自觉履行行政法规定的义务的行为；责令限期改正，是行政机关责成、命令违法行为人在一定期限改正错误、履行行政法规定的义务的行为。责令改正针对的是不具连续性和持续性的违法行为，实施完毕即行为结束；责令限期改正是针对不限期改正会继续产生不良后果，且改正这种行为需要一定的时限的违法行为。对于责令限期改正的内容，如法律、法规、规章或规范性文件有规定的，从其规定，没有明确规定的，根据具体情况而定。

3．尾部　作出责令改正决定日期，盖上作出决定的食品药品监督管理行政机关的公章。

4．附项　该文书送达后，由接收人填写收到本通知书的时间并签字。

## （三）例文

××省××市食品药品监督管理局行政执法文书

# 责令改正通知书

（×）食药责改通［2006］×××号

××制药厂：

你（单位）1．口服液车间主任和质检科科长系同一人，即均由陈××担任；2．纯化水输送管道在××处已明显老化，有脱落物，可对水质造成污染；3．中药材粉碎室除尘设施陈旧，不能有效除尘。（上述）的行为，违反了《药品生产质量管理规范》第五条第二款、第三十四条、第二十三条第二款的规定。

根据《中华人民共和国行政处罚法》第二十三条之规定，责令你（单位）于2006年10月16日前改正。改正内容及要求如下：

1．按照《药品生产质量管理规范》第五条规定，对陈××职务进行调整，重新任命口服液车间主任和质检科科长；2．更换已老化的输送纯化水管道；3．重新购置安装中药材粉碎室的除尘设施。

××省××市食品药品监督管理局（公 章）

二〇〇六年九月十五日

---

本通知书已于2006年9月15日16时20分收到。

接收人签字：徐××

---

注：本文书一式二联，第一联存档，第二联交当事人。

---

## 十、听证告知书

### （一）听证告知书的概念

听证告知书，是指食品药品监督管理行政机关对符合听证条件的案件，在作出行政处罚决定之前，向当事人告知有要求听证权利的文书。行政机关作出责令停产停业、吊销许可证、撤销药品和医疗器械批准证明文件或者较大数额罚款等行政处罚决定之前，必须告知当事人有要求举行听证的权利。当事人要求听证的，应当组织听证。听证告知书属于填写式文书，应当告知当事人已经查明的违法事实、拟予处罚的理由、依据、拟处罚种和罚没款幅度。

### （二）文书结构及制作要求

听证告知书由首部、正文、尾部、附项构成。

1. 首部　包括标题、文书编号。

2. 正文　包括当事人名称或者姓名、违法行为、依据、拟处罚内容、行政机关联系方式。违法行为栏应简要填写时间、地点、违法情节、违法物品数量、货值金额等内容。依据，一是违法行为定性援引的法律、法规、规章条款，二是行政处罚援引的法律、法规、规章的条款，应当贴切、准确，条款要具体到条、款、项、目。拟作出的行政处罚应当写明罚种和罚没款幅度，内容数项的，应当以阿拉伯数字 1、2、3、……依次列明；表述应具体、完整与合法，如处没收应写明被没收财物的名称、数量。行政机关联系方式，包括机关地址、邮政编码、联系电话和联系人姓名。

3. 尾部　发文日期，盖上发文的食品药品监督管理行政机关的公章。

4. 附项　该文书送达后，由接收人填写收到本告知书的时间并签字。

（三）例文

××省××市食品药品监督管理局行政执法文书

## 听证告知书

（×）食药械听告［2006］×××号

××食杂店：

你（单位）经营一次性使用无菌注射器、避孕套等医疗器械的行为，违反了《医疗器械监督管理条例》第二十四条第二款的规定。

依据《医疗器械监督管理条例》第三十八条的规定，拟对你（单位）进行1．责令停止经营医疗器械；2．没收已被扣押的违法经营的医疗器械；3．没收违法所得8700元；4．罚款26100元的行政处罚。

根据《中华人民共和国行政处罚法》第四十二条第一款的规定，你（单位）有权要求举行听证。

如你（单位）要求听证，应当在收到本告知书后3日内告之我局。逾期视为放弃听证权利。

机关地址：本市××路××号　邮政编码：××××××

联系电话：×××××××××　联 系 人：林××、耿××

××省××市食品药品监督管理局（公 章）

二〇〇六年八月七日

本告知书已于2005年8月8日15时30分收到。

接收人签字：吴××

注：本文书一式二联，第一联存卷备查，第二联交当事人。

## 十一、听证通知书

### （一）听证通知书的概念

听证通知书，是指通知当事人参加听证的文书，属于填写式文书。适用于食品药品监督管理行政机关告知当事人拟作出责令停产停业、吊销许可证、撤销药品、医疗器械批准证明文件或者较大数额罚款等行政处罚后，当事人提出举行听证会要求的案件，也适用于当事人要求听证的案件。其他案件和当事人放弃听证的案件均无须制作听证通知书。当事人在收到听证告知书后3日内提出听证要求的，食品药品监督管理行政机关应当在当事人提出听证要求之日起3日内确定听证人员的组成、听证时间、地点和方式，并在举行听证会7日前，将听证通知书送达当事人及其委托代理人；若有第三人参加听证的，也应当在举行听证会7日前，将听证通知书送达第三人及其委托代理人。听证人员包括听证主持人和书记员。听证主持人由食品药品监督管理行政机关主管领导指定本机关内部的非本案调查人员担任，一般由本机关法制机构人员或者从事法制工作的人员担任。书记员由食品药品监督管理行政机关内部的一名非本案调查人员担任，负责听证笔录的制作和其他事务。听证通知书是当事人参加听证会的有效法律凭证，如果当事人未按听证通知书规定的时间参加听证会，听证通知书也可以起到证实当事人放弃听证权利的作用。送达听证通知书时应告知当事人准备证据、通知证人等事项。举行听证的时间、地点应详细准确填写。

### （二）文书结构及制作要求

听证通知书由首部、正文、尾部、附项构成。

1．首部　包括标题、文书编号。

2．正文　包括当事人名称或者姓名、听证时间和地点、听证人员组成、行政机关联系方式。

3．尾部　发文日期，盖上发文的食品药品监督管理行政机关的公章。

4．附项　该文书送达后，由接收人填写收到本通知书的时间并签字。

（三）例文

××省××市食品药品监督管理局行政执法文书

**听证通知书**

（×）食药听通［2006］×××号

---

××医院：

根据你（单位）提出的听证要求，本局决定于2006年7月11日8时30分，在本局三楼会议室举行听证。请你（单位）法定代表人或委托代理人准时出席。不按时出席听证，且事先未说明理由，又无特殊原因的，视为放弃听证权利。

委托代理听证的，应当在听证举行前向本局提交听证代理委托书。

本案听证主持人：高××　　书记员：孟××

根据《中华人民共和国行政处罚法》第四十二条的规定，你（单位）如申请主持人、记录员回避，可在听证举行前向本局提出回避申请并说明理由。

本局地址：本市××路××号　邮政编码：××××××

联系电话：×××××××××　联系人：孟××

××省××市食品药品监督管理局（公章）

二〇〇六年七月一日

---

本通知书已于2006年7月1日10时10分收到。

接收人签字：刘××

注：本文书一式二联，第一联存卷备查，第二联交当事人。

## 十二、听证笔录

### （一）听证笔录的概念

听证笔录，是指对听证会全过程的文字记录。听证笔录属于记录话语的笔录式文书，是对听证会参加人员的发言作客观的记录。听证笔录应当按照法定格式填写，书记员要准确记录发言人的原意。

听证人员，包括听证主持人和书记员。听证主持人由食品药品监督管理行政机关主管领导指定本机关内部的非本案调查人员担任，一般由本机关法制机构人员或者从事法制工作的人员担任。书记员由食品药品监督管理行政机关内部的一名非本案调查人员担任，负责听证笔录的制作和其他事务。

当事人接到听证通知书，应当按时出席听证会，也可以委托一至二人代理出席听证会。委托他人代理听证的应当提交由当事人签字或者盖章的委托书。听证人员对委托代理人的代理资格应进行审查。因故不能如期参加听证的，应当事先告知主持听证的食品药品监督管理行政机关。当事人无正当理由不按期参加听证会的，视为放弃听证要求，食品药品监督管理行政机关予以书面记载。在听证举行过程中，当事人提出退出听证的，主持人可以宣布听证终止，并记入听证笔录。当事人认为听证主持人和书记员与本案有利害关系的，有权申请回避。听证主持人的回避由药品监督管理行政机关主管领导决定；书记员的回避，由听证主持人决定。

做好听证前的准备工作是保证听证会的顺利开展和听证笔录质量的重要环节。听证前，应当做好如下工作：（1）熟悉案情。听证主持人、书记员在听证会前要充分查阅案件材料，了解主要案情，尤其要了解案情的重点、难点和疑点。（2）听证主持人在听证会前要拟好听证提纲，书记员要与听证主持人密切配合，交换有关案件意见，熟悉听证提纲。（3）书记员预先填写好听证笔录（首页）中特定项目。

### （二）文书结构及制作要求

听证笔录由首部、正文、尾部构成。

1. 首部　包括标题、页码情况、案由、听证参加人基本情况、听证主持人和书记员姓名、听证时间、地点、听证方式。听证参加人包括当事人、第三人、案件承办人及其委托代理人。听证方式，注明公开或者不公开。

2. 正文　听证笔录要按顺序记录听证会自始至终的活动内容。主要包括开始阶段、调查质证阶段、辩论阶段、最后陈述阶段的内容。

听证开始阶段。书记员宣布听证会纪律，听证主持人宣布听证会开始，核对听证参加人身份，宣布听证会组成人员，告知当事人有关权利，询问当事人是否要求听证人员回避等。如果当事人提出回避申请的，详细记录申请回避的事项和理由。如果当事人无正当理由不参加听证会的，应在笔录上注明。如有下列情形之一的，可以延期举行听证，并在记录上详细说明：（1）当事人有正当理由未到场的；（2）当事人提出回避申请理由成立，需要重新确定听证人员的；（3）需要通知新的证人到场，或者有新的事实需要重新调查核实的。

调查质证阶段。听证会开始阶段结束后，听证主持人宣布进入调查质证阶段。调查质证阶段重点记录以下内容：（1）案件承办人员提出当事人的违法事实、证据及拟作出的行政处罚的建议。记录要简明扼要，有书面发言材料的，可注明附在笔录后；(2）案件承办人出示本案的有关证据；(3）当事人对案件承办人出示的证据的合法性、真实性、关联性提出质证意见；(4）当事人或委托代理人对案件的事实、理由进行陈述、申辩。有书面发言材料的，可注明附在笔录后；(5）当事人出示支持陈述、申辩的证据；(6）案件承办人对当事人的证据提出质证意见；(7）主持人应当对经过的质证的证据的有效性，作一概括性发言；(8）案件承办人向当事人提问及当事人的回答；(9）当事人向案件承办人提问及承办人的回答。(10）听证人员向当事人、案件承办人的提问及当事人、案件承办人的回答。

辩论阶段。听证会调查阶段结束，主持人宣布进入辩论阶段。应记录案件承办人、当事人对案件的事实、证据、适用法律等提出的意见。

最后陈述阶段。辩论结束后，主持人宣布进入最后的陈述阶段。着重记录当事人对案件如何处理的看法。

3．尾部　听证会结束后，书记员应先核对笔录顺序，编写笔录页码，然后将笔录当场交给当事人及其委托代理人、案件承办人核对无误后，应当在笔录上逐页签字或者按指纹，并在笔录终了处注明对笔录真实性的意见。当事人及其委托代理人或案件承办人认为笔录有错记或漏记的，可以修改和补充，并在修改和补充处签名或按指纹。如果当事人及其委托代理人拒绝签名的，由听证主持人在听证笔录上注明。

（三）例文

××省××市食品药品监督管理局行政执法文书

# 听 证 笔 录

第 1 页共 4 页

---

案 由：涉嫌生产假药苦参碱注射液案　　当事人：××制药有限公司
法定代表人（负责人）：贾××　　性别：男
年龄：43 岁　　联系电话：×××××××××
地 址：××市××路××号　　邮编：××××××
委托代理人：程××　　性别：女　　年龄：48　　职务：律师
联系电话：×××××××××　　工作单位：××律师事务所
地 址：××市××路××号　　邮编：××××××
案件承办人：高××　　科 室：稽查科　　职务：副科长
案件承办人：吕××　　科 室：稽查科　　职务：科员
听证主持人：俞××　　书记员：穆××
听证时间：2006 年 7 月 28 日 8 时 30 分至 11 时 10 分
听证地点：本局五楼会议室　　听证方式：公开

---

记录：

穆××：宣布听证会纪律（略）。

俞××：现核对听证参加人身份。经核对委托代理人程××委托权限是特别授权（代为承认、放弃、或者变更听证请求）代理。

俞××：××制药有限公司涉嫌生产假药苦参碱注射液一案听证会现在开始。本案由俞××担任听证主持人，穆××担任书记员。现告知当事人在听证会上享有以下权利：（1）要求或放弃听证；（2）申请回避；（3）进行陈述、申辩和质证；（4）核对听证笔录。

当事人是否申请听证主持人和书记员回避？

贾××：不申请回避。

程××：不申请回避。

俞××：下面由案件承办人提出当事人违法事实、证据及行政处罚建议。

高××：××制药有限公司未经批准，擅自接受××制药厂的委托，生产苦参碱注射液，2006年6月9日至2006年6月29日，共生产3批号苦参碱注射液9000瓶（规格：250ml，含量150mg）。证明这一事实的证据有××制药有限公司批生产记录，这些药品及原辅料、包装材料进出库凭证，××制药有限公司与××制药厂委托生产合同和双方资质证明材料（《药品生产许可证》、《药品生产质量管理规范》认证证书等复印件），对××制药有限公司现场检查笔录和录像，向贾××、陈××（注射液车间主任）、马××（仓库主任）、吴××（财务科科长）等人调查所作的笔录，××制药厂开具的收到委托生产药品的收据及加工费汇款凭证，××制药厂法定代表人何××，承办人柯××和王××的调查笔录，苦参碱注射液批准文件复印件，这3批药品质量检验报告，原辅材料运输交运接收凭证，××制药有限公司加工费发票，已售出3850瓶该药品的凭证，××市食品药品监督管理局对××制药厂的行政处罚决定书。

---

注：听证笔录经当事人审核无误后逐页签字，修改处签字或按指纹，并在笔录终了处注明对笔录真实性的意见。案件承办人和听证主持人在笔录终了处签字。

---

当事人或委托代理人签字：贾××　程××
案件承办人员签字：高××　吕××

## ××省××市食品药品监督管理局行政执法文书

## （听证笔录）副页

第2页共4页

---

××制药有限公司未经批准，擅自接受委托生产苦参碱注射液的行为违反了《中华人民共和国药品管理法》第十三条的规定，根据《中华人民共和国药品管理法》第七十四条、《中华人民共和国药品管理法实施条例》第六十四条的规定，拟对当事人作如下行政处罚：1. 没收违法所得144000元；2. 罚款189000元。有关证据由另一承办人吕××出示。

吕××：出示证据（略）。

俞××：当事人对证据有何意见?

程××：我们对刚才出示的证据的真实性没有异议。

俞××：现在请当事人对指控提出答辩意见。

程××：我宣读××制药有限公司《答辩意见》(材料附后。要点：1. 委托生产已经省食品药品监督管理局批准；2. 违法所得应当扣除成本)。

俞××：承办人可以直接向当事人提问。

高××：××制药有限公司接受××制药厂生产苦参碱注射液已经省局批准有否证据?

贾××：有。今年5月2日省食品药品监督管理局批准了我公司与××委托生产苦参碱注射液的申请，这是批准文件（贾××将文件交给主持人)。

高××：这批准文件是谁去申请办理的。

贾××：是××制药厂与我公司一起申请办理的。

俞××：当事人可以直接向承办人提问。

程××：请问违法所得是如何计算的?

高××：(出示了××制药厂出具的汇票、××制药有限公司出具的发票复印件）违法所得是××制药厂付给你们的加工费金额计算的。

程××：罚款金额依据什么定的?

高××：罚款金额是依据××制药厂已出售这些药品的单价乘以你们擅自生产的数量，计算出来的。你们生产的这些药品中，××制药厂已出售了3850瓶，售价21元/瓶，21×9000=189000（元）。

俞××：经过质证，××制药有限公司批生产记录、这些药品及原辅料和包装材料进出库凭证、委托生产合同和双方资质证明材料（《药品生产许可证》、《药品生产质量管理规范》认证证书等复印件)、对××制药有限公司现场检查笔录和录像、向贾××、陈××（注射液车间主任)、马××(仓库主任)、吴××（财务科科长）等人调查所作的笔录、××制药厂开具的收到委托生产药品的收据及加工费汇款凭证、××制药厂法定代表人何××、承办人柯××和王××的调查笔录、苦参碱注射液批准文件复印件、这3批药品质量检验报告、原辅材料运输交运接收凭证、××制药有限公司加工费发票、已售出3850瓶该药品的凭证、××市食品药品监督管理局对××制药厂的行政处罚决定书，以上证据具真实性、合法性，双方均无异议，可作为本案有效证据。下面进行听证会辩论。首先由案件承办人发言。

---

注：该文书为相关执法文书的续页。

---

当事人或委托代理人签字：贾×× 程××
案件承办人员签字：高×× 吕××

××省××市食品药品监督管理局行政执法文书

# （听证笔录）副页

第3页共4页

---

高××：本案调查中，当事人提供过省局批准委托生产文件的复印件，但批准的委托生产苦参碱注射液的规格是：10ml，含量50mg，与拟被处罚的这些苦参碱注射液规格不一样，这些苦参碱注射液的规格是250ml，含量150mg；这是两种不同规格的药品，生产工艺和质量要求也不一样，必须另行批准，而当事人未经批准，就接受委托生产了，这是违法的。我们没有对当事人生产的50mg/10ml苦参碱注射液进行查处，只对你们生产的150mg/250ml的苦参碱注射液进行查处。

俞××：下面由当事人发表辩论意见。

程××：我们不知道规格不同要另行审批，请给予减轻处罚。同时，委托合同中约定苦参碱原料药、辅料和药品的包装材料由厂家直接运给我公司，这些费用都算在加工费用中，我们还交了所得税，这些成本应当扣除，不能算在违法所得中。

高××：根据国家食品药品监督管理局《药品注册管理办法》（17号令）附件四“药品补充申请注册事项及申报资料要求”的规定，变更药品规格属于药品补充申请注册事项，必须经过审批。因此，当事人生产另一种规格的苦参碱注射液应当另行申请批准，未经批准擅自生产，就是违法行为。对于违法所得而言，按照《中华人民共和国药品管理法实施条例》第六十四条的规定，当事人未经批准，擅自接受委托生产的这些药品按照假药处理，假药本身毫无价值而言，依法应当没收并销毁，因此谈不上什么成本。根据《中华人民共和国药品管理法》第七十四条的规定，违法生产销售的药品要没收，已售出药品比未售出的药品的社会危害性要大得多，售出的收入（即违法所得）却要扣除成本，于法于理都说不通。本案违法所得——加工费是生产危害社会假药的费用，应当没收。所以，本案依据《中华人民共和国药品管理法》第十三条、第七十四条、《中华人民共和国药品管理法实施条例》第六十四条的规定，拟对当事人作出行政处罚证据确凿、定性准确、程序合法、处罚得当。

---

注：该文书为相关执法文书的续页。

---

当事人或委托代理人签字：贾×× 程××
案件承办人员签字：高×× 吕××

## ××省××市食品药品监督管理局行政执法文书

## （听证笔录）副页

第4页共4页

---

俞××：由当事人作最后陈述。

贾××：我们平时对药品监督管理法律学习不够，确实不知道收受委托生产不同规格药品需要另行审批，请求在处罚幅度上给予从轻考虑，因为我们的行为主观上没有故意，也未给社会造成不良后果。

俞××：听证会结束。请当事人、案件承办人核实笔录并签名。

以上笔录已阅，属实。（当事人亲笔注明）

贾×× 程××

2006.7.28

以上笔录已阅，属实。（案件承办人亲笔注明）

高×× 吕××

2006.7.28

听证主持人、书记员签名：俞×× 穆××

注：该文书为相关执法文书的续页。

当事人或委托代理人签字：贾×× 程××

案件承办人员签字：高×× 吕××

## 十三、听证意见书

### （一）听证意见书的概念

听证意见书，是指在听证会结束后，食品药品监督管理行政机关作出行政处罚前，听证主持人根据听证情况，提出听证意见并填写的文书。听证意见书属于制作式内部文书，应当简明扼要、客观公正地介绍案件基本情况，案件承办人对案件事实认定、相关证据、理由以及处理意见，当事人陈述申辩的理由和要求，并将听证笔录附在听证意见书后备查。

### （二）文书结构及制作要求

听证意见书由首部、正文、尾部构成。

1．首部　包括标题、案由、当事人基本情况、听证时间、听证主持人姓名、听证方式。

2．正文　包括案件基本情况、案件承办人主要意见、当事人主要理由、听证意见。案件基本情况要简明扼要地介绍案件发生的时间、地点、情节、违法物品数量、货值金额、当事人行为造成的危害后果、立案时间、调查终结时间、相关材料等。案件基本情况只介绍案情，不对案件进行定性，也不进行分析判断。案件承办人意见，要写明案件承办人对案件事实的认定、相关证据、理由以及处理意见。当事人主要理由，要写明当事人的陈述申辩的要求和理由。听证意见，是听证主持人综合听证双方意见，确认案件事实是否清楚、证据是否确凿、程序是否合法、适用法律是否准确，并明确提出处理意见。听证意见与案件合议意见一致的，按程序作出行政处罚决定；不一致的，提交领导集体讨论决定。对于事实不清，证据不足的，应当重新调查取证。

3．尾部　听证主持人签字并注明日期。

（三）例文

××省××市食品药品监督管理局行政执法文书

# 听证意见书

---

案由：涉嫌无证经营药品案　　当事人：××医药商场

法定代表人（负责人）：乔××

听证时间：2006年11月7日8时30分至11时20分

听证主持人：林××　　听证方式：公开

---

案件基本情况：

2006年8月11日至2006年9月28日间，××医药商场先后7次向××诊所等三家医疗机构销售环丙沙星胶囊、三九感冒灵冲剂、健胃愈疡片等16种药品，销售金额为6859元。

该案于2006年10月10日立案，10月27日调查终结。

该案已调取的证据：××医药商场《药品经营许可证》、《营业执照》、对××医药商场法定代表人乔××调查笔录、对××诊所等三家医疗机构负责人或药品采购员陈××、黄××、曹××等人调查笔录、药品销售凭证、现场检查笔录、药品购销记录、环丙沙星胶囊等药品实物等。

---

案件承办人主要意见：

××医药商场将环丙沙星胶囊等16种药品销售给××诊所等医疗机构的行为，违反了《药品流通监督管理办法》（以下简称《管理办法》）第十二条的规定。

根据《中华人民共和国药品管理法》第八十条的规定，对××医药商场拟作出以下行政处罚：1．责令改正违法销售药品行为；2．没收违法所得 6859 元；3．处以违法销售药品货值金额二倍的罚款 13718 元。

---

当事人主要理由：

××诊所等医疗机构到我店购买药品，未表明身份，我们不知道他们是医疗机构，营业员将他们当成一般的药品消费者，因此，不能以无证经营药品对我商场进行处罚。

---

听证意见：

承办人将××医药商场把环丙沙星胶囊等 16 种药品销售给××诊所等医疗机构的行为，认定为药品零售单位从事批发业务，依据《管理办法》的规定，按无证经营药品查处，适用法律有误。《管理办法》是根据原《中华人民共和国药品管理法》（以下简称旧法）制定的，新修订的《中华人民共和国药品管理法》（以下简称新法）施行后，旧法已失去法律效力，《管理办法》中引用旧法的条款、与新法冲突的条款都失去了法律效力，而“药品零售单位从事批发业务”按无证经营药品处罚，恰恰引用的是旧法第五十二条规定（即无证生产经营药品的法律责任条款）因此，适用法律错误。我们建议本案销案处理。

听证主持人签字：林××

2006 年 11 月 8 日

---

## 十四、当场行政处罚决定书

### （一）当场行政处罚决定书的概念

当场行政处罚决定书，是指执法人员按照简易程序，依法当场作出行政处罚决定时填写的文书。该文书属于填写式文书，适用于同时具备下列条件的案件：（1）违法事实清楚、证据确凿；(2)有法定依据；（3）对公民处以 50 元以下、对法人或其他组织处以 1000 元以下罚款或者警告的行政处罚。

适用简易程序当场处罚时，被处罚主体应在场。作出行政处罚前，应告知当事人作出行政处罚决定的事实、理由和依据，告知当事人依法享有的权利，还应充分听取当事人陈述、申辩的意见。若处罚涉及罚款的应注明代收罚款的金融机构名称及其地址。

食品药品监督管理行政机关适用简易程序作出行政处罚决定的，应当在《当场行政处罚决定书》中书面责令当事人改正或者限期改正违法行为。执法人员当场作出行政处罚决定的，应当向当事人出示执法证件，填写预定格式、编有号码的当场行政处罚决定书，并应当场交付当事人，若当事人拒绝签字或者按指纹的，执法人员应当注明情况。当场行政处罚决定书落款时间必须该决定书制作当天，执法人员必须在7个工作日内将当场行政行处罚决定书报所属行政机关备案。当事人对当场作出的行政处罚决定不服的，可以依法申请行政复议或者提起行政诉讼。

### （二）文书结构及制作要求

当场行政处罚决定书由首部、正文、尾部构成。

1．首部　包括标题、文书编号、当事人基本情况。

2．正文　包括当事人的主要违法事实、依据、罚种、缴纳罚款银行、行政救济途径。

当事人的违法事实包括违法时间、地点、情节、违法物品数量、违法所得、货值金额及剩余物品数量和价值等内容，有否从重、从轻、减轻、免除处罚情节，这些相关情节亦属违法事实范畴，应当记述；违法事实必须是已经查证属实的；叙述违法事实应使用简洁明了的文字。

依据，援引用法律、法规、规章应写全称，引用条文要具体到条、款、项、目。

罚种有警告或者罚款，罚款要写明数额，不能超出法定的行政处罚种类和幅度予以行政处罚。

救济途径，不服行政处罚决定，申请行政复议或者提起行政诉讼的具体途径和期限。

3．尾部　当事人签字或者按指纹并注明时间，执法人员签名或者盖章，行政机关名称、时间并盖上公章。在当场行政处罚决定书上签字的执法人员必须是具备执法资格且实际在现场执法的人员。

## （三）例文

××省××市食品药品监督管理局行政执法文书

# 当场行政处罚决定书

（×）食药当行罚［2006］×××号

---

被处罚单位（人）：××药店　　地址：本市××路××号

邮编：××××××

法定代表人（负责人）：曾××　　性别：男　　年龄：45　　职务：经理

---

经查，你（单位）有下列主要违法事实：未建立真实完整的药品销进记录。

上述事实已经违反了《中华人民共和国药品管理法》第十八条之规定，责令立即停止违法行为。依据《中华人民共和国药品管理法》第八十五条的规定，给予以下行政处罚：警告。

请在接到本处罚决定书之日起15日内到＿＿＿＿银行缴纳罚款。逾期每日按罚款数额的3%加处罚款。逾期不履行处罚决定，我局将申请人民法院强制执行。

如不服本处罚决定，可在接到本处罚决定之日起60日内依法向××省食品药品监督管理局申请行政复议或3个月内向本市××区人民法院起诉。

当事人签字：曾××　　　　执法人员签字：赵××、阮××

2006年6月21日

××省××市食品药品监督管理局（公章）

二〇〇六年六月二十一日

---

注：本文书一式三联，第一联存档，第二联交被处罚单位，第三联必要时交人民法院强制执行。

---

## 十五、送达回执

### （一）送达回执的概念

送达回执，是指食品药品监督管理行政机关将有关文书送达给当事人的凭证。凡需送达当事人的告知类、通知类文书中已设定当事人签收栏的，由当事人签收即为送达。没有设定的，应当使用送达回执。送达回执属于填写式文书。

送达应按照法定期间进行，如行政处罚决定书应当在宣告后当场交付当事人，当事人不在场的，应当在7日内依照民事诉讼法的有关规定，将行政处罚决定书送达当事人。期间以时、日、年计算。期间开始的时和日不计算在期间内。期间届满的最后一日是节假日的，以节假日后的第一日为期间届满的日期。期间不包括在途时间。相关的执法文书在期满前交邮的（以邮戳为准），不算过期。《行政处罚决定书》由承办人送达被处罚单位或者个人签收，受送达人在送达回执上注明收到日期并签字或者盖章。签收日期即为送达日期。受送达人为未成年人的，送达时邀请其法定监护人到场，必要时由法定监护人签收法律文书。

直接送达有关执法文书的，应当直接送交受送达人。受送达人是公民的，本人不在交他的同住成年家属签收；受送达人是法人或者其他组织的，应当由法人的法定代表人、其他组织的主要负责人或者办公室、收发室、值班室等负责收件的人签收或盖章，拒绝签收或者盖章的，适用留置送达。受送达人有委托代理的，可以送交其代理人签收；受送达人已向行政机关指定代收的，送交代收人签收。受送达人的同住成年家属，法人或者其他组织的负责收件的人，委托代理人或者代收人在送达回执上签收的日期为送达日期。

留置送达，受送达人或者他的同住成年家属拒绝接收诉讼文书的，送达人应当邀请有关基层组织或者所在单位的代表到场，说明情况，在送达回执上记明拒收事由和日期，由送达人、见证人签名或者盖章，把诉讼文书留在受送达人的住所，即视为送达；有关基层组织或者所在单位的代表及其他见证人不愿在送达回证上签字或盖章的，由送达人在送达回执上记明情况，把送达文书留在受送达人住所，即视为送达。

委托送达与邮寄送达，直接送达有困难的，可以委托就近的食品药品监督管理行政机关代送或者用“双挂号”邮寄送达，邮寄送达，应当附有送达回执，回执注明的收件日期即为送达日期。挂号信回执上注明的收件日期与送达回证上注明的收件日期不一致的，或者送达回执没有寄回的，以挂号信回执上注明的收件日期为送达日期。委托其他食品药品监督管理行政机关代为送达的，委托行政机关应当出具委托函，并附需要送达的执法文书和送达回执，以受送达人在送达回执上签收的日期为送达日期。

公告送达，受送达人下落不明，或者用其他方式无法送达的，以公告方式送达。自发出公告之日起，满 60 日，即视为送达。公告送达，应当在案卷中记明原因和经过。公告送达，可以在行政机关的公告栏、受送达人原住所地张贴公告，也可以在报纸上刊登公告；对公告送达方式有特殊要求的，应按要求的方式进行公告。公告期满，即视为送达。

### （二）文书结构及制作要求

送达回执由首部、正文、尾部构成。

1．首部　即标题。

2．正文　包括受送达人的名称或者姓名、送达文件名称及文件编号、送达方式、送达地点、送达人姓名、送达日期、收件人姓名、收件日期。

送达方式，应注明所具体适用是直接、委托、留置、公告、邮寄送达方式中的哪一种，直接、委托、留置、公告、邮寄送达必须按照《药品监督行政处罚程序规定》、《中华人民共和国民事诉讼法》等有关规定进行。“送达文件名称及文件编号”应写明实际送达文书的名称和文书编号。送达人必须是2名以上行政执法人员。受送达人若是法人或其他组织，收件时有条件盖公章的要加盖公章。收件日期，应是实际收到送达文件的时间。

3．尾部　发文日期，盖上发文的食品药品监督管理行政机关的公章。

4．附项　即备注，用于说明有关事项，如采取邮寄送达的，应当将挂号回执和邮寄凭证粘贴在备注栏内，并用文字说明。

（三）例文

××省××市食品药品监督管理局行政执法文书

## 送达回执

（×）食药稽查送回［2006］×××号

---

受送达单位（人）：××药业有限公司

送达文件名称及文件编号：（×）食药行罚［2006］×××号《行政处罚决定书》、编号198《罚没收入专用交款书》

送达方式：直接送达　　送达地点：××药业有限公司经理室

送达人：廖××、刘××　　送达日期：2006年10月13日9时20分

收件人：吴××　　收件日期：2006年10月13日9时20分

××省××市食品药品监督管理局（公章）

二〇〇六年十月十三日

备注：

注：本文书一式二联，第一联收件人签字后随卷存档，第二联备查。

# 第四节　执行、结案文书

## 一、没收物品处理审批表

### （一）没收物品处理审批表的概念

没收物品处理审批表，是指对没收的药品、医疗器械及相关物品和涉案的原材料、包装、制假器材等进行处理前，由承办人报请处（科、股、室）负责人审核，并经主管领导审批的文书。它属于填写式内部文书。处理没收物品一般应在行政处罚决定超过诉讼期限后，即行政处罚决定书送达之日起3个月后进行。处理前应当核实品种、数量并填写《没收物品处理审批表》及《没收物品处理清单》。除依法应当予以销毁的物品外，依法没收的非法财物必须按照国家规定公开拍卖或者按照国家有关规定处理。没收非法财物拍卖的款项，必须全部上缴国库，任何行政机关或者个人不得以任何形式截留、私分或者变相私分。

### （二）文书结构及制作要求

没收物品处理审批表由首部、正文、尾部构成。

1．首部　包括标题、文书编号。

2．正文　包括当事人名称或者姓名、《行政处罚决定书》编号、没收物品基本情况和拟处理方式、负责人签字并注明日期。对没收的物品，应根据不同情况，采取不同的方式处理。如对假劣药品、医疗器械应采用销毁方式处理；移送案件的，应当依法移交受移送案件的行政机关；依法应通过拍卖处理的，采用拍卖方式处理。

3．尾部　审批意见由主管领导签署，并注明日期。

（三）例文

××省××市食品药品监督管理局行政执法文书

## 没收物品处理审批表

（×）食药没处审［2006］×××号

根据《中华人民共和国行政处罚法》第五十三条规定，建议对××药店单位（或个人）依据《行政处罚决定书》｛（×）食药行罚［2006］×××号｝没收的物品做销毁☑移交□ 上交□ 拍卖□等处理。

| 物品名称 | 没收时间 | 没收数量 | 折合金额 | 拟处理方式 |
|---|---|---|---|---|
| 环丙沙星胶囊 | 2005.11.5 | 7盒 | 63.00元 | 焚烧销毁 |
| | | | | |
| | | | | |
| | | | | |
| | | | | |
| | | | | |
| | | | | |
| | | | | |
| | | | | |

负责人：肖××

2006年3月15日

审批意见：

同意销毁该批药品。

主管领导：张××

2006年3月16日

## 二、没收物品处理清单

### （一）没收物品处理清单的概念

没收物品清单，是指记录没收物品具体处理情况的文书。它属于表格式文书，应当一案一单。

### （二）文书结构及制作要求

没收物品处理清单由首部、正文、尾部构成。

1. 首部　包括标题、文书编号。

2. 正文　包括《行政处罚决定书》编号、当事人基本情况、执行处置单位基本情况、没收物品处理情况明细表。执行处置单位，是指具体执行处理没收物品的单位，包括医疗废物处理机构、拍卖行、接收物品单位等行政机关。处理方式，应当注明没收物品采用销毁（焚烧、深埋、粉碎、毁形、无害化处理）、移交、上交、拍卖等方式中的哪一种方式。地点，指物品销毁的地点。承办人，是指具体实施处理物品的人员，不同的处理方式可有不同的承办人。

3. 尾部　特邀参加人签字，并注明日期；承办人签字，并注明日期。特邀参加人是指第三方人员，处理没收物品时有特邀参加人参加的，还应由特邀参加人在该清单上签字。特邀参加人可以是公证人员、行政监察人员、特邀监督员等，一般应为 2 名以上。承办人是指该案的承办人，应当有 2 名以上承办人签字。

### （三）例文

××省××市食品药品监督管理局行政执法文书

# 没收物品处理清单

（×）食药没处［2006］×××号

根据《行政处罚决定书》｛（×）食药行罚［2006］×××号｝

当事人：××医院　　地址：本市××路××号

电话：×××××××××

执行处置单位：××废物处理中心　　地址：本市××路××号

电话：×××××××××

## 没收物品处理情况明细表

| 物品名称 | 规格 | 单位 | 数量 | 处理方式 | 地点 | 承办人 | 备注 |
|---|---|---|---|---|---|---|---|
| 乙酰螺旋霉素片 | 0.1g | 12片/盒 | 36盒 | 焚烧销毁 | ××垃圾场 | 金××、林×× | |
| 复方甘草甜素片 | 25mg | 21片/盒 | 6盒 | 焚烧销毁 | ××垃圾场 | 金××、林×× | |
| 丹参注射液 | 10ml | 10支/盒 | 13盒 | 焚烧销毁 | ××垃圾场 | 金××、林×× | |
| | | | | | | | |
| | | | | | | | |
| | | | | | | | |
| | | | | | | | |

特邀参加人签字：陈××、李××　　承办人签字：戴××、乔××

2006年7月29日　　2006年7月29日

注：此文书共二联，第一联存档，第二联备查。

## 三、延（分）期缴纳罚没款审批表

### （一）延（分）期缴纳罚没款审批表的概念

延（分）期缴纳罚没款审批表，是指对当事人提出延期或者分期缴纳罚没款的申请进行审批的文书。它属于制作式内部文书。当事人确有经济困难，需要延期或者分期缴纳罚款的，应提出书面申请，并提交有关证明材料。对当事人提出的延（分）期缴纳罚没款申请，案件承办人应予以受理，经合议认为符合规定的应填写延（分）期缴纳罚没款审批表，报主管领导审批。延（分）期缴纳罚没款审批表经作出行政处罚决定的食品药品监督管理行政机关主管领导批准后，应当及时通知当事人。由当事人填写延（分）期缴纳罚没款的保证书，注明延（分）期缴款的具体时间和金额，在保证书上签字盖章，可以暂缓或分期缴纳罚没款。

### （二）文书结构及制作要求

延（分）期缴纳罚没款审批表由首部、正文、尾部构成。

1. 首部　包括标题、文书编号、当事人基本情况、处罚决定书编号。

2. 正文　包括当事人请求批准延（分）期缴纳罚没款的理由和期限、合议意见。当事人请求批准延（分）期缴纳罚没款的理由、期限，应按当事人申请书中的相关内容填写。合议意见注明经合议同意或者不同意延（分）期缴纳罚没款的意见，并写明理由。

3. 尾部　审批意见由主管领导签署，并注明日期。

（三）例文

××省××市食品药品监督管理局行政执法文书

## 延（分）期缴纳罚没款审批表

（×）食药延罚审［2006］×××号

---

当事人：××卫生院　　法定代表人（负责人）：王××　　职务：院长

处罚决定书号：（×）食药行罚［2006］×××号

---

当事人请求批准延（分）期缴纳罚没款的理由、期限：

××卫生院因使用现金向无证企业购进第一类精神药品复方樟脑酊而被行政处罚，应于2006年8月19日缴纳罚款10万元。2006年8月3日，本市遭受“蔼丽”台风侵袭，又遇百年未遇的暴雨，该卫生院位于本市郊区低洼之处，一层楼被洪水淹没，经济损失重大，现缴纳罚款10万元确有困难为由，要求延期至2007年2月28日缴纳罚款。

该卫生院提出上述申请时提交了本院执业证书复印件、本市××区卫生局出具的该院受灾损失证明等证据。

附件：当事人申请书

---

合议意见：

××卫生院2006年8月初确实遭受洪水侵袭，受灾严重，现缴纳罚款10万元确有困难。该院受灾后，我局程××、林××曾到现场察看过，并有本市××卫生局出具的受灾损失证明，足以认定。××卫生院以此为由要求延期至2007年2月28日缴纳罚款，符合《中华人民共和国行政处罚法》第五十二条、《药品监督行政处罚程序规定》第五十三条的规定。经合议同意××卫生院延期至2007年2月28日缴纳罚款10万元。

合议人签字：张××、庄××、程××、林××、于××

2006年8月29日

审批意见：

同意延期至2006年2月28日缴纳罚款10万元。

主管领导：李××

2006年8月30日

## 四、行政处罚强制执行申请书

### （一）行政处罚强制执行申请书的概念

行政处罚强制执行申请书，是指食品药品监督管理行政机关向人民法院提请行政强制执行时填写的文书。它属于填写式文书。当事人逾期不履行行政处罚决定的，食品药品监督管理行政机关可以申请人民法院强制执行，并填写行政处罚强制执行申请书。食品药品监督管理行政机关申请人民法院强制执行其具体行政行为，应当自被执行人的法定起诉期限届满之日起180日内提出。逾期申请的，除有正当理由外，人民法院不予受理。

### （二）文书结构及制作要求

行政处罚强制执行申请书由首部、正文、尾部构成。

1．首部　包括标题、文书编号。

2．正文　包括人民法院名称、案由、行政处罚决定书送达时间、当事人基本情况、申请执行内容、附件目录。人民法院名称应填写全称。申请执行内容应当写明申请执行的事项，包括罚没款数额、没收物品名称及数量等；附件，应当分项列明作为执行依据的《行政处罚决定书》、《没收物品凭证》、《没收物品清单》、《送达回执》等，以及人民法院认为需要提供的其他相关材料。

3. 尾部　包括申请机关盖章、文书制作日期、申请机关地址、联系人、联系方式。

（三）例文

××省××市食品药品监督管理局行政执法文书

# 行政处罚强制执行申请书

（×）食药罚强申［2006］×××号

---

××市××区人民法院：

关于××卫生服务站不具有疫苗经营资格经营疫苗一案的行政行罚决定已于2006年8月21日送达，该单位逾期未履行行政处罚决定。

根据《中华人民共和国行政处罚法》第五十一条第三款规定，特申请强制执行。申请执行的内容及当事人基本情况如下：

当事人：××卫生服务站　　地址：本市××区××路××号

法定代表人（负责人）：黄××　　性别：女　年龄：50　职务：站长

申请执行内容：

1. 取缔疫苗经营活动；

2. 没收违法所得1200元；

3. 缴纳罚款4500元。

附件：

1.（×）食药行罚［2006］×××号《行政处罚决定书》1份；

2. 2006年8月21日黄××签收的《送达回执》1份；

3. 本局法定代表人身份证明书1份；

4. 本局法定代表人授权委托书1份；

5. 委托人身份证明1份。

××省××市食品药品监督管理局（公章）

二〇〇六年十一月二十三日

申请机关地址：本市××路××号　　邮编：××××××

联系人：马××　　电话：×××××××××

注：本文书共二联，第一联存档，第二联交法院。

## 五、行政处罚结案报告

### （一）行政处罚结案报告的概念

行政处罚结案报告，是指行政处罚决定履行或执行后，报请主管领导批准结案填写的文书。它属于填写式内部文书。行政处罚决定履行或者执行后，承办人应当填写行政处罚结案报告，将有关案件材料进行整理装订，归档保存。

### （二）文书结构及制作要求

行政处罚结案报告由首部、正文、尾部构成。

1．首部　包括标题、案由、案件来源、被处罚人基本情况、立案日期、处罚日期、处罚文书号、结案日期、承办人和填写人姓名。案由填写必须与行政处罚决定书所记载的相一致，案件来源、立案日期应按《立案申请表》载明的相关内容填写，处罚日期应填写行政处罚决定书上的落款日期。结案日期，是指行政处罚决定的内容全部履行或执行的终结时间。

2．正文　包括处罚内容、执行结果、执行方式、归档日期。处罚内容，应与行政处罚决定书所载处罚内容相一致。执行结果指行政处罚决定实际执行的情况，如完全履行或部分履行（部分履行需注明何种原因）。执行方式，根据案件执行情况，在执行方式预定格式的五种情形相应项前打“∨”。归档日期、档案归类、保存期限按档案管理要求填写。

3．尾部　审批意见，由主管领导签署，并注明日期。

## （三）例文

××省××市食品药品监督管理局行政执法文书

# 行政处罚结案报告

案由：使用无产品注册证高压电位治疗仪案

案件来源：公民举报

被处罚单位：××中医院　　　　　　　　法定代表人（负责人）：陈××

立案日期：2005年10月26日　　　　　　处罚日期：2005年11月22日

处罚文书号：（×）食药行罚［2005］×××号

结案日期：2006年2月23日

承办人：高××、周××　　　　　　　　填写人：周××

处罚内容：

1. 没收违法使用的无产品注册证高压电位治疗仪壹台；2. 没收违法所得3700元；3. 罚款5000元。

执行结果：完全履行

执行方式：1√. 自动履行　2. 复议结案　3. 诉讼结案　4. 强制执行　5. 其他

归档日期：2006年2月25日　　档案归类：医疗器械　　保存期限：长期

审批意见：

同意结案。

主管领导签字：余××

二〇〇六年二月二十六日

注：本文书一式二联，第一联随卷存档，第二联上报。

# 第四章　行政救济文书

行政救济包括行政复议与行政诉讼，本章分两部分内容具体说明行政复议与行政诉讼的各种文书制作要求。行政复议是依法对具体行政行为重新进行审查并作出裁决的一种行为，是解决行政争议的一种手段。按照《中华人民共和国行政复议法》规定，公民、法人或其他组织认为行政机关的具体行政行为侵犯其合法权益，可以依法申请行政复议。行政复议是国家行政机关为了及时解决行政争议，更好地实施行政管理而建立起来的一项重要的行政制度，是国家行政机关重要职能之一。行政复议文书是用行政手段解决行政争议而使用的公务文书。

行政诉讼是指公民、法人或其他组织认为行政主体作出的具体行政行为侵犯其合法权益，依法向法院提起诉讼，请求法院对被诉的具体行政行为进行审查，法院在诉讼当事人和其他诉讼参与人的参加下，对行政案件进行审理和裁判的一种诉讼活动。本章只介绍行政机关在行政诉讼过程中需要制作的诉讼文书的写作要求。

## 第一节　行政复议文书

### 一、行政复议申请书

#### （一）行政复议申请书的概念

行政复议申请书，是指行政相对人为了维护自己的合法权益，对国家行政机关具体行政行为不服而请求重新审查所制作的文书。它属于制作式文书。公民、法人或者其他组织认为具体行政行为侵犯其合法权益的，可以自知道该具体行政行为之日起60日内提出行政复议申请；但是法律规定的申请期限超过60日的除外。因不可抗力或者其他正当理由耽误法定申请期限的，申请期限自障碍消除之日起继续计算。

行政相对人申请行政复议的具体行政行为符合《中华人民共和国行政复议法》第六条规定时，才能成为行政复议的申请对象。即对行政机关作出的警告、罚款、没收违法所得、没收非法财物、责令停产停业、暂扣或者吊销许可证、暂扣或者吊销执照、行政拘留等行政处罚决定不服的；对行政机关作出的限制人身自由或者查封、扣押、冻结财产等行政强制措施决定不服的；对行政机关作出的有关许可证、执照、资质证、资格证等证书变更、中止、撤销的决定不服的；对行政机关作出的关于确认土地、矿藏、水流、森林、山岭、草原、荒地、滩涂、海域等自然资源的所有权或者使用权的决定不服的；认为行政机关侵犯合法的经营自主权的；认为行政机关变更或者废止农业承包合同，侵犯其合法权益的；认为行政机关违法集资、征收财物、摊派费用或者违法要求履行其他义务的；认为符合法定条件，申请行政机关颁发许可证、执照、资质证、资格证等证书，或者申请行政机关审批、登记有关事项，行政机关没有依法办理的；申请行政机关履行保护人身权利、财产权利、受教育权利的法定职责，行政机关没有依法履行的；申请行政机关依法发放抚恤金、社会保险金或者最低生活保障费，行政机关没有依法发放的；认为行政机关的其他具体行政行为侵犯其合法权益的。

由于同一行政争议不能同时用两种方式进行，根据我国《中华人民共和国行政诉讼法》和《中华人民共和国行政复议法》规定，如果已向人民法院起诉且已受理的，就不得申请复议；同样，已向复议机关申请复议且已经受理的，除非是行政诉讼的必经程序，就不得在法定期限内或在行政复议作出终局裁决后又向法院起诉。

（二）文书结构及制作要求

行政复议申请书由首部、正文、尾部构成。

1. 首部　包括标题、申请人与被申请人的有关情况。标题，要写明“行政复议申请书”，不能只写申请书，“行政复议”四字标明了申请书的性质。

申请人和被申请人的有关情况中，申请人如果是公民，写明其姓名、年龄、性别、住址。如果是法人或者其他组织，写明其名称、法定代表人或主要负责人姓名、职务、住址等情况。被申请人的情况，应写明被申请人的名称、法定代表人或主要负责人姓名、职务、住址等。

2. 正文　正文主要由两部分构成，一是复议申请的请求，二是请求的事实和理由。请求部分应写明不服哪个行政机关的什么具体行政行为，并提出复议的要求，如请求依法撤销或变更被申请人的具体行政行为等。请求的事实和理由中的事实部分，应简明扼要地概述案情；理由部分，应该写明证明自己请求复议要求的事实及证据。事实和理由的表述，应当围绕行政机关的具体行政行为（包括作为、不作为）违法或显失公平展开，可采用夹叙夹议的写法，阐述道理应该依据事实，引用有关法律法规的有关条款进行分析说理。制作行政复议申请书应使用书面语言，表述要体现重事实、重证据、说理充分、语气平和、态度诚恳。

3. 尾部　包括三项内容，一是致送机关，即行政复议机关，分两行写“此致”“××行政复议机关”；二是写明申请人和申请时间，并由申请人签名或盖章；三是如有附件，可附在正文之后。

（三）例文

# 行政复议申请书

申请人：××县医药公司　　地址：××市××街××号

法定代表人：林××　　年龄：40岁　　性别：男　　职务：董事长

联系电话：×××××××××　　住址：××市××街××号

委托代理人：薛××　　年龄：35岁　　性别：男　　职务：律师

电话：×××××××××　　工作单位：××律师事务所

地址：××市××街×号

被申请人：××县食品药品监督管理局

地址：××县××路××号

法定代表人：叶××　　年龄：45岁　　性别：男　　职务：局长

联系电话：×××××××××　住址：××市××街××号

行政复议请求：请求依法撤销被申请人作出的（×）食药行罚［2006］××号行政处罚决定。

事实和理由：

一、被申请人作出行政处罚决定有违法律程序，应当予以撤销。

被申请人未按照法律规定告知申请人作出处罚决定的事实、理由及依据。

被申请人在行政处罚事先告知书及行政处罚决定书中，只告知申请人罚款金额是多少，而这个金额的计算依据以及金额是如何计算得出的，申请人无从得知。这侵犯了申请人的知情权，更违反了《中华人民共和国行政处罚法》第三十一条规定，即行政机关在作出行政处罚决定之前，应当告知当事人作出行政处罚决定的事实、理由及依据，并告知当事人依法享有的权利。因此，被申请人在作出行政处罚时，未按照法律规定告知申请人作出处罚决定的事实、理由及依据违反了法定程序，应予以撤销。

二、被申请人认定事实及适用法律有错误。申请人是从具备药品经营资格的合法企业购进药品，有供药企业的《药品经营许可证》及《营业执照》复印件、购药发票、清单等证据，因此，申请人并没有违反《中华人民共和国药品管理法》第三十四条之规定。

三、本案定性有错误。本案属于药品包装标示的通用名称与批准内容不符，应按《中华人民共和国药品管理法》第八十六条论处，而不应当按照假药论处。

据调查了解，本公司经营的药品“胃溃宁”与硫糖铝系同一成分的药品，其药品的批准文号H××××××××正是××药厂生产的硫糖铝的批准文号，只是药品包装标识说明书的通用名被改为“胃溃宁”。因此，该药品仅仅是违反了《中华人民共和国药品管理法》第五十四条，应按《中华人民共和国药品管理法》第八十六条论处。

此致

××市药品监督管理局

申请人：××县医药公司

（公 章）

二〇〇六年九月五日

附件：1．法定代表人身份证明书。

2．行政复议代理授权委托书。

3．证据×份。

## 二、行政复议案件登记表

### （一）行政复议案件登记表的概念

行政复议案件登记表，是指行政复议机关收到行政复议申请书后，对该申请办理情况进行登记，便于查阅所制作的文书。它属于表格式内部文书，行政复议经办人员应当及时将行政复议的进展情况，填入相应的空格，便于督促有关人员，依法定期限完成行政复议工作。

### （二）文书结构及制作要求

行政复议案件登记表由首部和表格构成。

1．首部　包括标题、文书编号。标题即文书种类名称，文书编号写在“行政复议案件登记表”标题的右下方。

2．表格　包括三部分内容：一是申请内容，包括收到申请书时间、提交方式、申请人和被申请人姓名或名称、申请事项。二是结案时间、审理结果、法律文书编号，结案时间即行政复议决定文书（包括不予受理决定书、行政复议终止通知书、行政复议决定书等）发出的时间。审理结果，是指行政复议终止的理由和结果。受理阶段，即不予受理及其理由；审查阶段，即行政复议终止及其理由；决定阶段，行政复议决定及其理由。法律文书编号，是指行政复议决定文书的编号。三是承办人员姓名。

（三）例文

××省××市食品药品监督管理局行政执法文书

## 行政复议案件登记表

（×）食药复登［2006］××号

| | | | |
|---|---|---|---|
| 收到申请书时间 | 2006年7月18日 | 提交方式 | 邮寄□ 当面提交☑ |
| 申请人 | ××医药有限公司 | | |
| 被申请人 | ××县食品药品监督管理局 | | |
| 申请事项 | 撤销××县食品药品监督管理局2006年6月23日（×）食药行罚［2006］××号行政处罚决定 | | |
| 结案时间 | 2006年8月29日 | | |
| 审理结果 | 被申请人行政处罚事实清楚、证据确凿、适用法律正确、处罚得当，予以维持。 | | |
| 法律文书编号 | （×）食药复决［2006］××号 | | |
| 承办人 | 林××、高××　　2006.8.29 | | |

## 三、行政复议案件立案审批表

### （一）行政复议案件立案审批表的概念

行政复议案件立案审批表，是指行政复议机关经初审，认为行政复议申请符合法定条件，拟立案报请领导批准所制作的文书。它属于表格式内部文书。是否立案，应当考虑下列情形之一：复议申请的事项是否属于行政复议的范围，即是否符合《中华人民共和国行政复议法》第六条规定的十一项行政复议情形；提出行政复议申请的公民、法人或其他组织是否具备复议申请人的资格，即该公民、法人或其他组织是否是被申请人的具体行政行为的相对人；有否明确的被申请人；有否明确的复议请求和事实根据；是否属于本行政复议机关管辖；是否超过行政复议申请期限，即是否在知道或者应当知道被申请人作出具体行政行为60日内提出行政复议申请；申请人有否向人民法院提出诉讼。

### （二）文书结构及制作要求

行政复议案件立案审批表由首部、表格构成。

1．首部　包括标题、文书编号。标题即文书种类名称，文书编号写在“行政复议案件立案审批表”标题的右下方。

2．表格　包括五部分内容：一是案由，即申请人不服被申请人具体行政行为的名称。二是申请人姓名（名称）和联系电话、被申请人名称、申请时间。三是行政复议内容和承办人意见。行政复议内容，即行政复议申请书中申请人提出的行政复议请求的内容；承办人意见，应当从行政复议申请是否属于本行政复议机关管辖、是否属于行政复议范围、是否超过申请行政复议期限、有否明确的被申请人、申请人资格等方面，阐明立案或者不立案理由，提出立案或不立案建议。四是承办人所在部门和行政复议办公室主管意见，应当明确表明是否同意承办人意见，若不同意或者有不同意见的，应当阐明理由。五是主管局长意见，应当对是否立案表明意见。

（三）例文

××省食品药品监督管理局行政执法文书

## 行政复议案件立案审批表

（×）食药复立［2006］××号

<table>
<tr><td>案由</td><td colspan="3">不服（×）食药行罚［2006］××号行政处罚决定</td></tr>
<tr><td>申请人</td><td>××制药厂</td><td>联系电话</td><td>×××××××××</td></tr>
<tr><td>被申请人</td><td colspan="3">××市食品药品监督管理局</td></tr>
<tr><td>申请时间</td><td colspan="3">2006年3月7日</td></tr>
<tr><td>行政复议内容</td><td colspan="3">请求撤销被申请人（×）食药行罚［2006］××号行政处罚决定书</td></tr>
<tr><td>承办人意见</td><td colspan="3">申请人提出行政复议申请符合行政复议范围和条件，建议予以立案。<br>程××、曲××<br>2006.3.9</td></tr>
<tr><td>承办人所在部门意见</td><td colspan="3">同意承办人意见。<br>钱××<br>2006.3.10</td></tr>
<tr><td>行政复议办公室主管领导意见</td><td colspan="3">同意立案，拟请局领导审批。<br>廖××<br>2006.3.10</td></tr>
<tr><td>主管局长意见</td><td colspan="3">予以立案。<br>李××<br>2006.3.11</td></tr>
</table>

## 四、行政复议不予受理决定书

### （一）行政复议不予受理决定书的概念

行政复议不予受理决定书，是指行政复议机关经审查，认为行政复议申请不符合法定条件而作出不予受理决定时所制作的文书。它属于填写式文书，属于下列情形之一的，行政复议机关应当制作本文书：复议申请的事项不属于行政复议的范围，即不符合《中华人民共和国行政复议法》第六条规定的十一项行政复议情形；提出行政复议申请的公民、法人或其他组织不具备复议申请人的资格，即该公民、法人或其他组织不是被申请人的具体行政行为的相对人；无明确的被申请人；无明确的复议请求和事实根据；不属于本行政复议机关管辖；超过申请期限，即超过《中华人民共和国行政复议法》第九条规定的60日期限；申请人已向人民法院提出诉讼，且人民法院已经依法受理。

### （二）文书结构及制作要求

行政复议不予受理决定书由首部、正文、尾部构成。

1. 首部　包括标题、文书编号、申请人与被申请人基本情况。标题即文书种类名称，文书编号写在"行政复议不予受理决定书"标题的右下方。申请人如果是公民，写明其姓名、年龄、性别、住址。如果是法人或者其他组织，写明其名称、法定代表人或主要负责人姓名、职务、地址等情况。被申请人的情况，应写明被申请人的名称、法定代表人或主要负责人姓名、职务、地址等。

2. 正文　包括四项内容：一是申请人申请复议的具体行政行为，如申请人对被申请人××年×月×日作出的××号行政处罚决定书不服等；二是行政复议机关的审查意见，写清不予受理的理由，即不符合申请复议条件的理由，如无明确复议请求和事实根据、超过申请期限等；三是不予受理决定和法律依据，写明根据《中华人民共和国行政复议法》第十七条和第××条的规定，决定不予受理；四是不服本决定的救济形式，法律、法规规定应当先向行政复议机关申请行政复议，对行政复议不服再向人民法院提起行政诉讼的（如《中华人民共和国行政复议法》第三十条规定的情形），对此类行政复议申请不予受理的，应写明：不服本决定，可以根据《中华人民共和国行政复议法》第十九条的规定自收到本决定书之日起15日内依法向××人民法院提起行政诉讼。

3．尾部　文书签发时间，并盖发文食品药品监督管理行政机关公章。

4．附项　该文书送达后，由接收人填写收到本通知书的时间并签字。

（三）例文

××省××市食品药品监督管理局行政执法文书

## 行政复议不予受理决定书

（×）食药复不受［2005］×××号

---

申请人：××诊所　　地址：××市××街××号
负责人：王××　　年龄：30岁　　性别：男
联系电话：×××××××××　　通讯地址：××市××街××号
被申请人：××县食品药品监督管理局　　地址：××县××路××号
法定代表人：章××　　年龄：44岁　　性别：男　　职务：局长
联系电话：×××××××××　　通讯地址：××市××街××号

---

申请人对被申请人作出的（×）食药行罚［2005］×××号行政处罚不服提出的行政复议申请，经审查，本局认为：申请人对被申请人的（×）食药行罚［2005］×××号行政处罚决定已经向××县人民法院提起行政

诉讼，且××县人民法院已经依法予以受理。根据《中华人民共和国行政复议法》第十七条和第十六条的规定，决定不予受理。

××省××市食品药品监督管理局（公章）
二〇〇五年五月十一日

---

本决定书已于2005年5月11日17时25分收到。

接收人签字：林××

---

## 五、行政复议受理通知书

### （一）行政复议受理通知书的概念

行政复议受理通知书，是指行政复议机关收到行政复议申请后，在法定期限内进行审查，确认行政复议申请符合法律的规定，而决定受理所制作的文书。它属于填写式文书，制作本文书的条件是：申请人提出的复议申请的事项属于复议的范围，即符合《中华人民共和国行政复议法》第六条规定的十一项行政复议范围。同时，提出行政复议申请的公民、法人或其他组织具备复议申请人的资格，即该公民、法人或其他组织是被申请的具体行政行为的相对人；有明确的被申请人；有明确的复议请求和事实根据；属于本行政复议机关管辖；在法定申请期限内；未向人民法院提出诉讼。

### （二）文书结构及制作要求

行政复议受理通知书由首部、正文、尾部构成。

1. 首部　包括标题、文书编号、送达单位或个人。标题即文书种类名称，文书编号写在“行政复议受理通知书”标题的右下方。行政复议受理通知书的正本送达申请人，副本送达被申请人。

2．正文　包括三项内容：一是明确填写收悉申请人提出的行政复议申请日期；二是行政复议机关的审查意见；三是行政复议受理通知书（副本），应当要求被申请人在收到复议申请书副本后，在法定期限内提出书面答复，并提交当初作出行政行为的证据、材料和其他有关材料。

3．尾部　文书签发时间，并盖发文食品药品监督管理行政机关公章。

（三）例文

××省食品药品监督管理局行政执法文书

## 行政复议受理通知书

（正本）

（×）食药复受［2005］×××号

××药店：

你（单位）不服××市食品药品监督管理局（×）食药行罚［2005］××号行政处罚决定，于2005年5月13日向本局提出的行政复议申请，经审查，符合《中华人民共和国行政复议法》的规定，本局已决定受理。

特此通知

××省食品药品监督管理局（公章）

二〇〇五年五月十七日

××省食品药品监督管理局行政执法文书

# 行政复议受理通知书

（副本）

（×）食药复受［2005］×××号

××市食品药品监督管理局：

××药店不服你（单位）×年×月×日作出的（×）食药行罚［2005］××号行政处罚决定，向我局申请行政复议，我局已决定受理。现将行政复议申请书（副本）送你单位，请在收到行政复议申请书（副本）之日起10个工作日内，向本局行政复议办公室提出书面答复，并提交当初作出行政行为的证据、依据和其他有关材料（根据《中华人民共和国行政复议法》第二十八条的规定，逾期未提交书面答复的，视为该行政行为没有证据、依据，将被撤销）。

特此通知

附：行政复议申请书副本1份及相关材料

××省食品药品监督管理局（公章）

二〇〇五年五月十七日

## 六、第三人参加行政复议通知书

### （一）第三人参加行政复议通知书的概念

第三人参加行政复议通知书，是指行政复议机关经审查，要求同申请行政复议的具体行政行为有利害关系的公民、法人或其他组织作为行政复议的第三人参加行政复议时所制作的文书。它属于填写式文书。与行政复议的具体行政行为有利害关系的第三人可以自己请求参加该具体行政行为的复议，行政复议机关在复议中，认为该具体行政行为可能会对第三人的合法权益产生直接的影响，可制作本文书通知第三人参加行政复议。

（二）文书结构及制作要求

第三人参加行政复议通知书由首部、正文、尾部构成。

1．首部　包括标题、文书编号。标题即文书种类名称，文书编号写在“第三人参加行政复议通知书”标题的右下方。

2．正文　包括三项内容：一是第三人的名称或者姓名；二是写明申请人不服被申请人的具体行政行为；三是提起行政复议申请的具体时间。

3．尾部　文书签发时间，并盖发文食品药品监督管理行政机关公章。

（三）例文

××省食品药品监督管理局行政执法文书

**第三人参加行政复议通知书**

（×）食药复参［2005］×××号

××市××医药公司：

××药店不服××市食品药品监督管理局（×）食药行罚［2005］××号行政处罚决定，于2005年8月21日提起行政复议申请，本局依法已予受理。根据《中华人民共和国行政复议法》第十条第三款的规定，通知你（单位）作为第三人参加本行政复议。

特此通知

××省食品药品监督管理局（公章）

二〇〇五年八月二十七日

## 七、责令受理通知书

（一）责令受理通知书的概念

责令受理通知书，是指公民、法人或者其他组织依法提出行政复议申请，行政复议机关无正当理由不予受理的，上级行政复议机关责令其受理时所制作的文书。它属于填写式文书，责令受理通知书的制作主体为复议机关的上级行政机关，复议机关无正当理由对符合申请条件的复议申请不予受理，或者上级行政机关经审查认为复议机关不予受理的理由不充分。

### （二）文书结构及制作要求

责令受理通知书由首部、正文、尾部、附项构成。

1．首部　包括标题、文书编号。标题即文书种类名称，文书编号写在“责令受理通知书”标题的右下方。

2．正文　包括四项内容：一是责令受理机关名称，即依法应当受理复议申请的行政复议机关；二是写明申请人的申请事项；三是提出申请的具体时间；四是行政复议机关对申请人的复议申请的处理情况，即已作出不予受理的决定，或者逾期未予受理的。

3．尾部　文书签发时间，并盖发文食品药品监督管理行政机关公章。

4．附项　注明抄送对象。

### （三）例文

××省食品药品监督管理局行政执法文书

**责令受理通知书**

（×）食药复责受［2005］×××号

××市食品药品监督管理局：

××药店不服××县食品药品监督管理局（×）食药行罚［2005］××号行政处罚决定，于2005年7月23日向你局提出行政复议申请，你局至今未予受理。经审查，该行政复议申请符合《中华人民共和国行政复议法》第六条的规定，请你局自收到本通知之日起5日内受理该行政复议申请。

特此通知

××省食品药品监督管理局（公章）

二〇〇五年八月十二 日

抄送：××药店

## 八、行政复议答辩书

### （一）行政复议答辩书的概念

行政复议答辩书，是指在行政复议中，被申请人针对申请书所作的答复和辩驳的文书。它属于制作式文书，被申请人应当自收到申请书副本或者申请笔录复印件之日起十日内，提出书面答复，并提交当初作出具体行政行为的证据、依据和其他有关材料。

### （二）文书结构及制作要求

行政复议答辩书由首部、正文、尾部构成。

1．首部　包括标题、被申请人基本情况。被申请人的情况，应写明被申请人的名称、法定代表人或主要负责人姓名、职务、住址、联系电话等。

2．正文　包括四项内容：一是作出行政行为的事实依据，应当针对申请书的事实和理由进行答复、辩驳，根据双方争执的焦点，抓住关键问题，说明自己的行为合理、合法。二是作出行政行为的法律依据，列明援引法律的具体条款内容。三是作出行政行为所履行的法定程序及法律依据。四是作出行政行为的证据。四项内容可以分段叙述，也可以根据具体情况，采用不同的事实叙述、阐明证据、法律推理方法，进行表述。

3．尾部　文书签发时间，并盖被申请人公章。

4．附项　注明有关证据份数。答辩人应将作出行政行为采用的所有证据编成目录，随行政复议答辩书依法定期限送交行政复议机关。

（三）例文

## 行政复议答辩书

答辩人：××省××市食品药品监督管理局

地址：××市××路××号　　　　　　邮编：××××××

法定代表人：张××　职务：局长　联系电话：××××××××

因××市××诊所不服我局2006年8月16日作出的（×）食药行罚［2006］××号行政处罚决定提起的行政复议案件｛（×）食药复受［2006］×××号｝，现答辩如下：

申请人要求撤销（×）食药行罚［2006］××号行政处罚决定的理由是：申请人向××市医药公司药品经营部购进庆大霉素注射液等12种药品，有该经营部销售清单和该公司的发票，因此，不能认定申请人向无证药品经营者购进药品。

我们认为申请人违法行为事实清楚，证据确凿。2006年6月27日，申请人向周××购进庆大霉素注射液等12种药品，货值金额3712元。7月2日，我局根据群众举报，在对申请人现场检查中，申请人未能提供该批药品的购进票据，我局即将该批药品扣押，并立案调查。7月5日，申请人提供了该批药品的销售清单和××市医药公司有关证件的复印件。7月13日，申请人提供了该批药品的发票。经调查，周××原系××市医药公司销售人员，2006年5月12日辞职。该批药品不是××市医药公司供货，而是周××自行组织货源的。周××提供的××市医药公司药品经营部销售清单上的公章与该经营部公章不符；××市医药公司发票是周××用截留的空白发票套开的。以上事实有××市食品药品监督管理局协查函、××市医药公司提供的其药品经营部销售清单样本和周××领用发票收据、现场检查笔录、××诊所负责人温××和职工林××调查笔录等证据所证实。可以认定周××是无证药品经营者，申请人从无证药品经营者周××购进该批药品，违反了《中华人民共和国药品管理法》第三十四条的规定，应按《中华人民共和国药品管理法》第八十条的规定给予行政处罚。7月22日，我局将《听证告知书》送达申请人，在告知期限内，申请人未提出听证申请。7月27日，我局作出（×）食药行罚［2006］××号行政处罚决定，并送达申请人。我局在执法过程中，按照法定程序和期限，进行调查取证，采取扣押强制措施，作出处罚决定，履行了法定的告知义务，保护了申请人的知情权、陈述申诉权、听证质证权利，程序合法。

综上所述，我们认为（×）食药行罚［2006］××号行政处罚决定事实清楚、证据确凿、程序合法、适用法律正确、处罚得当，应当予以维持。

此致

××省食品药品监督管理局

答辩人：××省××市食品药品监督管理局（公章）

二〇〇六年九月五日

附：有关证据29份。

## 九、行政复议告知书

### （一）行政复议告知书的概念

行政复议告知书，是指行政复议机关经审查，认为不属于本机关受理的行政复议申请，应当告知申请人向有关行政复议机关提出申请时所制作的文书。它属于填写式文书。行政复议机关对于不属于本机关受理的行政复议申请，必须在收到行政复议申请后，5日内告知申请人向有关行政复议机关提出申请。

### （二）文书结构及制作要求

行政复议告知书由首部、正文、尾部、附项构成。

1．首部　包括标题、文书编号。标题即文书种类名称，文书编号写在“行政复议告知书”标题的右下方。

2．正文　包括四项内容：一是申请人姓名或者名称；二是被申请人作出具体行政行为的时间和名称；三是提出行政复议申请的行政复议机关的名称。

3．尾部　文书签发时间，并盖发文食品药品监督管理行政机关公章

4．附项　该文书送达后，由接收人填写收到本告知书的时间并签字。

（三）例文

××省食品药品监督管理局行政执法文书

## 行政复议告知书

（×）食药复告［2006］×××号

---

金××：

你（单位）2006年5月15日对××市××药品价格不服提出的行政复议申请，依法应当向××省物价局提出。

接到本告知书后请按照《中华人民共和国行政复议法》第九条规定的行政复议期限，向××省物价局申请行政复议。

特此告知

（××省食品药品监督管理局
行政复议专用章）

二〇〇六年五月十七日

---

本通知书已于2006年5月18日10时50分收到。

接收人签字：高××

---

注：本文书一式二联，第一联存档，第二联交申请人。

---

## 十、行政复议停止执行通知书

### （一）行政复议停止执行通知书的概念

行政复议停止执行通知书，是指行政复议期间，行政复议机关依据法定情形，要求被申请人停止执行具体行政行为时所制作的文书。它属于填写式文书。

行政复议期间具体行政行为不停止执行是一个主要原则，该原则的确立是为了保证国家行政管理的持续有序进行，保证行政管理的效率。但根据具体行政行为的不同情况，在有些情况下如果不停止执行可能会给行政相对人造成难以弥补的损失，因此《中华人民共和国行政复议法》规定了行政复议机关可以停止具体行政行为执行的三种情形：一是行政复议机关认为需要停止执行的，该具体行政行为停止执行并不影响正常的行政管理秩序的，为了避免给行政相对人造成不必要的损失，可以决定停止该具体行政行为的执行；二是申请人申请停止执行，行政复议机关认为其要求合理，决定停止执行；三是法律规定停止执行的。

### （二）文书结构及制作要求

行政复议停止执行通知书由首部、正文、尾部、附项构成。

1．首部　包括标题、文书编号。标题即文书种类名称，文书编号写在“行政复议停止执行通知书”标题的右下方。

2．正文　包括被申请人名称、申请人不服的具体行政行为、申请人申请停止执行的事由、停止执行期限。

3．尾部　文书签发时间，并盖发文食品药品监督管理行政机关公章。

4．附项　注明抄送对象。

（三）例文

××省食品药品监督管理局行政执法文书

## 行政复议停止执行通知书

（×）食药复停［2005］×××号

××市食品药品监督管理局：

××药店不服你局作出的（×）食药行罚［2005］×××号行政处罚决定提出的行政复议申请，我局依法已予受理。××药店依法申请在行政复议期间停止对（×）食药行罚［2005］×××号行政处罚决定的执行，经本局审查认为，其要求合理。根据《中华人民共和国行政复议法》第二十一条的规定，决定自2005年11月5日起至作出行政复议决定之日前，停止该具体行政行为的执行。

特此通知

××省食品药品监督管理局（公章）

二〇〇五年十一月二日

抄送：××药店

## 十一、行政复议中止通知书

### （一）行政复议中止通知书的概念

行政复议中止通知书，是指行政复议期间，行政复议机关依法对具体行政行为的依据转送有关行政机关审查，或者出现其他法定需要中止复议情形，行政复议机关中止对具体行政行为的审查而告知申请人时所制作的文书。它属于填写式文书。

具体行政行为依据的合法性有待进一步审查，主要有两种情况，一是申请人在申请行政复议时，认为行政机关的具体行政行为所依据的下列规定不合法，一并向行政复议机关提出对该规定的审查申请：①国务院部门的规定；②县级以上地方各级人民政府及其工作部门的规定；③乡、镇人民政府的规定。二是行政复议机关在对被申请人作出的具体行政行为进行审查时，认为其依据不合法。行政复议机关有权处理的，应当在30日内依法处理，无权处理的，应当在7日内按照法定程序转送有权处理的国家机关依法处理。处理期间，中止对具体行政行为的审查。在行政规范性文件的处理期间，由于行政规范性文件是否合法还没有最后被确认，而被申请人当初作出的具体行政行为是否合法，又取决于该规范性文件是否合法，因此，应当中止对具体行政行为的审查，待该规范性文件处理结束后，在确认该规范性文件是否合法的基础上，再进行对具体行政行为的审查。

其他法定情形，如申请人死亡或者法人终止的，须等待其近亲属表明是否参加复议的，或者尚未确定权利义务承受人的。

### （二）文书结构及制作要求

行政复议中止通知书由首部、正文、尾部、附项构成。

1. 首部　包括标题、文书编号。标题即文书种类名称，文书编号写在“行政复议中止通知书”标题的右下方。

2. 正文　包括申请人名称或者姓名、被申请人名称和被申请复议的具体行政行为、中止复议事由。

3. 尾部　文书签发时间，并盖发文食品药品监督管理行政机关公章。

4. 附项　注明抄送对象（即被申请人）名称。

### （三）例文

××省××市食品药品监督管理局行政执法文书

## 行政复议中止通知书

（×）食药复中［2005］×××号

××县××医药公司：

你（单位）不服××县食品药品监督管理局作出的（×）食药行罚［2005］××号行政处罚决定提出的行政复议申请，我局依法已予受理。经审查，本局认为××县食品药品监督管理局作出（×）食药行罚［2005］××号行政处罚决定的依据：××县人民政府××号文件不合法。根据《中华人民共和国行政复议法》第二十七条和其他有关规定，本局决定依法将××县人民政府××号文件转送××市人民政府审查，审查期间中止行政复议。

特此通知

××省××市食品药品监督管理局（公章）

二〇〇五年十月九日

抄送：××县食品药品监督管理局

## 十二、行政复议终止通知书

### （一）行政复议终止通知书的概念

行政复议终止通知书，是指行政复议机关在行政复议决定作出前，申请人要求撤回行政复议申请，依法审查，同意终止行政复议时所制作的文书。它属于填写式文书。

### （二）文书结构及制作要求

行政复议终止通知书由首部、正文、尾部、附项构成。

1. 首部　包括标题、文书编号。标题即文书种类名称，文书编号写在“行政复议终止通知书”标题的右下方。

2．正文　包括三项内容：一是申请人名称或者姓名；二是被申请人的具体行政行为；三是终止行政复议事由。

3．尾部　文书签发时间，并盖发文食品药品监督管理行政机关公章。

4．附项　注明抄送对象。

(三）例文

××省××市食品药品监督管理局行政执法文书

**行政复议终止通知书**

（×）食药复终［2006］×××号

××县××医院：

你（单位）不服××县食品药品监督管理局（×）食药行罚［2006］××号行政处罚决定提出的行政复议申请，我局依法已予受理。2006年6月19日你院要求撤回该行政复议申请，经审查，本局认为理由成立，根据《中华人民共和国行政复议法》第二十五条和其他有关规定，决定终止行政复议。

特此通知

××省××市食品药品监督管理局（公章）

二〇〇六年六月二十二日

抄送：××县食品药品监督管理局

## 十三、行政复议决定延期通知书

### (一）行政复议决定延期通知书的概念

行政复议决定延期通知书，是指行政复议机关由于案件情况复杂不能在规定期限内作出行政复议决定，经行政复议机关负责人批准，决定延长行政复议期限时所制作的文书。它属于填写式文书。延长行政复议期限最多不超过30日。

（二）文书结构及制作要求

行政复议决定延期通知书由首部、正文、尾部、附项构成。

1．首部　包括标题、文书编号。标题即文书种类名称，文书编号写在“行政复议决定延期通知书”标题的右下方。

2．正文　包括四项内容：一是申请人名称或者姓名；二是被申请人的具体行政行为；三是行政复议机关受理具体时间；四是延期具体时限。

3．尾部　文书签发时间，并盖发文食品药品监督管理行政机关公章。

4．附项　注明抄送对象。

（三）例文

××省食品药品监督管理局行政执法文书

**行政复议决定延期通知书**

（×）食药复延［2006］×××号

××市××医药公司：

你（单位）不服××市食品药品监督管理局（×）食药行罚［2006］××号行政处罚决定提出的行政复议申请，我局已于2006年3月25日依法受理。因情况复杂，不能在法定期限内作出行政复议决定。根据《中华人民共和国行政复议法》第三十一条的规定，行政复议决定延期至2006年6月20日前作出。

特此通知。

××省食品药品监督管理局（公章）

二〇〇六年五月二十二日

抄送：××市食品药品监督管理局

## 十四、行政复议决定审批表

### （一）行政复议决定审批表的概念

行政复议决定审批表，是指行政复议申请经行政复议机关对申请人的申请，经依法审查，拟作出决定，呈请主管领导批准所作的文书。它属于制作式内部文书，也可用于行政复议中止、延期、终止等呈请主管领导审批文书。

### （二）文书结构及制作要求

行政复议决定审批表由首部、正文、尾部构成。

1．首部　包括标题、文书编号、申请基本情况等。标题即文书种类名称，文书编号写在“行政复议决定审批表”标题的右下方。申请基本情况，依次写明申请人名称或者姓名、联系电话、被申请人名称、受理日期。

2、正文　包括承办人意见和承办机构负责人意见两栏。承办人意见，要求承办人用简洁文字介绍行政复议申请审查情况，提出审查意见和理由，承办人要亲笔签名，并注明日期。承办机构负责人意见着重对承办人的意见发表看法，可以同意承办人的意见，也可以不同意承办人意见，还可对承办人意见进行修正、补充或者进一步阐明理由。

承办人填写“承办人意见”时，应当简要介绍双方争议要点、审查情况，着重阐明被申请人的具体行政行为是否违法，合理，并将相关证据材料和法律依据表述清楚。

若用于行政复议中止、延期、终止等呈请主管领导审批文书时，则着重记述用于行政复议中止、延期、终止的事实和理由。

3．尾部　由本机关主管领导写明审批意见，亲笔签名，并注明日期。

（三）例文

××省食品药品监督管理局行政执法文书

# 行政复议决定审批表

（×）食药复决审［2006］××号

---

案由：不服（×）食药行罚［2006］××号行政处罚决定

申请人：××市××诊所　　　　　　　　联系电话：×××××××××

被申请人：××市食品药品监督管理局　受理日期：2006年5月11日

---

承办人意见：申请人请求撤销（×）食药行罚［2006］××号行政处罚决定书，理由是申请人向××市医疗器械厂购进一次性使用无菌注射器，有该厂销售清单和发票，因此，不能认定申请人向无证医疗器械经营者购进医疗器械。被申请人认为申请人违法行为事实清楚，证据确凿，被申请人提供的××市食品药品监督管理局协查函、××市工商行政管理局函、原××市医疗器械厂厂长黄××证人证言及其提供的莫××领用发票收据，证明××市医疗器械厂已于2006年2月关闭，《医疗器械生产企业许可证》2006年2月15日注销，莫××原系该厂销售人员，该厂关闭后，仍利用原领取的发票、销售单据、《医疗器械生产企业许可证》等证件的复印件，从事医疗器械销售活动。2006年3月10日，申请人向莫××购进该厂一次性使用无菌注射器，属于向无证医疗器械经营者购进医疗器械。

经必要的调查和核实，我们认为被申请人（×）食药行罚［2006］××号行政处罚决定事实清楚、证据确凿、程序合法、适用法律正确、处罚得当，建议予以维持。

签名：王××、庄××

2006年6月5日

承办机构负责人意见：

同意承办人意见，拟维持（×）食药行罚［2006］××号行政处罚决定，请局领导审批。

签名：柯××

2006年6月6日

审批意见：

维持（×）食药行罚［2006］××号行政处罚决定。

主管领导：朱××

2006年6月7日

## 十五、行政复议决定书

### （一）行政复议决定书的概念

行政复议决定书，是指行政复议机关对申请复议的案件进行审理，对原具体行政行为重新审理后作出裁决时所使用的公务文书。它属于制作式文书。作出行政复议决定前，应当查清案情，提出意见。行政复议机关负责法制工作的机构应当对被申请人作出的具体行政行为进行审查，提出意见报行政复议机关的负责人同意或者集体讨论通过后，再作出行政复议决定。

### （二）文书结构及制作要求

行政复议决定书由首部、正文、尾部构成。

1．首部　包括标题、编号、申请人和被申请人的有关情况。如有第三人参加复议的，也要写明第三人的有关情况。如果属于两个或两个以上的行政机关共同作出的具体行政行为，它们是共同的被申请人，也应列出有关情况。

2. 正文　正文是行政复议决定书的核心部分，不管其篇幅长短，都要写明下列四个内容。

（1）引述申请复议的主要事实和理由，这是正文开头。无论是请求，还是理由，都应当在申请复议书上写明，由于此处是引述，应当如实叙写，不可走样。

（2）引述被申请人答辩的主要事实和理由。写明被申请人在答辩书中就申请人提出的问题进行反驳的、证明被申请人具体行政行为合法合理的事实、理由、证据、法律依据等。

（3）复议机关认定的事实和理由。这是行政复议作出裁决的文字表述，它要阐明复议机关认定的具体事实、理由和适用的法律、法规。要写好这部分内容，就必须认真阅读争议双方的有关材料，根据双方提供的事实和理由，抓住争议焦点，辨明是非，确立复议的事实和理由。只要复议机关实事求是，秉公解决争议，就能令争执的双方心悦诚服。这部分内容的表述要做到认定事实确凿无误，依法评断，根据充分。

（4）行政复议裁决的结论。行政复议最终的目的是下结论，结论文字要求表述明确，语气肯定，便于理解和操作。根据被申请人是否违法的不同情况，依法作出行政复议的决定：具体行政行为认定事实清楚，证据确凿，适用依据正确，程序合法，内容适当的，决定维持；被申请人不履行法定职责的，决定其在一定期限内履行；具体行政行为有下列情形之一的，决定撤销、变更或者确认该具体行政行为违法：①主要事实不清、证据不足的；②适用依据错误的；③违反法定程序的；④超越或者滥用职权的；⑤具体行政行为明显不当的。决定撤销或者确认该具体行政行为违法的，可以责令被申请人在一定期限内重新作出具体行政行为。

行政复议裁决如属终局裁决，要写明执行期限；非终局裁决应写明救济途径，即不服复议决定可向人民法院起诉及起诉的期限。

3．尾部　文书签发时间，并盖发文食品药品监督管理行政机关公章。

（三）例文

××省食品药品监督管理局行政执法文书

# 行政复议决定书

（×）食药行复决［2006］×××号

申请人：××市××药业有限公司　　地址：××市××路××号

电话：×××××××××

法定代表人（主要负责人）：吴××　　年龄：50　　性别：男

电话：×××××××××

被申请人：××市食品药品监督管理局　地址：××市××路××号

申请人不服被申请人的（×）食药行罚［2006］×××号行政处罚决定，于2006年1月10日提起行政复议申请，本局依法已予受理。

申请人请求，撤销××市食品药品监督管理局（×）食药行罚［2006］×××号行政处罚决定。

申请人称，1．被申请人认定其共销售××药品的数量1512盒，事实不清，证据不足。2．申请人是在不知情的情况下销售假药的，可以适用《中华人民共和国药品管理法实施条例》第八十一条规定，减轻处罚。3．被申请人对申请人的处罚过重，从重处罚依据不足。

被申请人称，1．有充分依据证实申请人共销售了××药品的数量1512盒。①根据申请人的购药发票、购药清单统计得出其销售××药品1209盒；②根据投诉人的投诉记录、药品包装盒以及申请人的确认，申请人销售的××药品有345盒，其中有45盒与购药发票、购药清单重复；③抽检3盒。最终确认申请人销售的××药品为1209+345+3－45=1512盒。

2．申请人不能适用《中华人民共和国药品管理法实施条例》第八十一条。适用该条款的前提是申请人“未违反《中华人民共和国药品管理法》及其条例的有关规定，但在本案中，申请人在经营过程中没有建立并执行进货检查验收制度，没有真实完整的购销记录，其销售的部分药品，没有从具有药品生产、经营资格的企业购进药品的票据等材料，违反了《中华人民共和国药品管理法》有关规定，故不能适用该条款。

3．对申请人从重处罚有事实和法律依据。申请人在药品销售过程中未凭医生处方销售处方药，其销售的××药品，引起32起投诉，造成了比较严重的社会影响。且申请人在调查的过程中，拒不提供真实完整的购进验收记录以及购销记录及发票，隐匿有关证据材料。申请人的以上情节符合《中华人民共和国药品管理法实施条例》第七十九条第一款第（六）项的规定，因此对其作出的从重处罚的决定是合法的。

经查，1．被申请人对该案有管辖权，主体合法。2．申请人销售假药的事实，有××市药品检验所检验报告及××省药品检验所检验报告；申请人违法药品数量的认定，有购药发票、购药清单及投诉人的投诉记录等证据，被申请人对此案的认定证据确凿充分，事实清楚。3．申请人在调查的过程中，拒绝、逃避监督检查，拒不提供真实完整的购进验收记录以及购销记录及发票，隐匿有关证据材料，存在从重处罚的情节。4．被申请人对此案的处理适用《中华人民共和国药品管理法》、《中华人民共和国药品管理法实施条例》等有关规定，适用法律正确，处罚适当。5．本案办理未超过时限，程序合法。

本局认为，××市食品药品监督管理局（×）食药行罚［2006］×××号行政处罚决定认定事实清楚，证据确凿，适用法律正确，程序合法，处罚得当。

根据《中华人民共和国行政复议法》第二十八条规定，本局决定维持××市食品药品监督管理局（×）食药行罚［2006］×××号行政处罚决定。

申请人如对本决定不服，可以自接到本决定之日起15日内向××市××区人民法院提起行政诉讼。

××省食品药品监督管理局（公章）

二〇〇六年三月五日

## 十六、规范性文件转送函

### （一）规范性文件转送函的概念

规范性文件转送函（一），是指申请人认为被申请人具体行政行为的依据不合法，向行政复议机关提出对其依据进行审查申请时，行政复议机关无权处理的，依照法定程序将该依据转送有权处理的行政机关依法处理时所制作的文书。

规范性文件转送函（二），是指行政复议机关对被申请人具体行政行为的依据进行审查时，认为其依据不合法，行政复议机关无权处理的，依照法定程序将该依据转送有权处理的国家机关依法处理时所制作的文书。规范性文件转送函属于填写式文件。

行政复议的审查对象是行政机关的具体行政行为，但是，在许多情况下，行政机关的具体行政行为违法是因为该行为所依据的规范性文件违法。因此，在行政复议中，当审查该具体行政行为是否违法时，有必要对其所依据的规范性文件进行审查。申请人在申请行政复议时，认为被申请人作出的具体行政行为所依据的规范性文件不合法的，可一并向行政复议机关提出审查申请；行政复议机关认为被申请人具体行政行为的依据不合法的，行政复议机关有权处理的，应当在30日内依法处理；行政复议机关无权处理的，应当在7日内按照法定程序转送有权处理的国家机关依法处理。

### （二）文书结构及制作要求

规范性文件转送函由首部、正文、尾部、附项构成。

1．首部　包括标题、文书编号。标题即文书种类名称，文书编号写在“规范性文件转送函”标题的右下方。

2．正文　包括四项内容：一是转送机关名称，即有权处理该规范性文件的行政机关；二是申请人名称或者姓名；三是被申请人的具体行政行为；四是转送事由。

3．尾部　文书签发时间，并盖发文食品药品监督管理行政机关公章。

4．附项　注明抄送对象。

（三）例文

××省××市食品药品监督管理局行政执法文书

## 规范性文件转送函（一）

（×）食药复转［2005］×××号

××市人民政府：

××诊所不服××县食品药品监督管理局（×）食药行罚［2005］×××号行政处罚决定提出行政复议申请时，一并提出对××县人民政府××号文件合法性进行审查的申请。

根据《中华人民共和国行政复议法》第二十六条和其他有关规定，现将有关材料转去，请予审查处理，并将审查结果回复我局。

××省××市食品药品监督管理局（公章）

二〇〇五年十一月九日

××省食品药品监督管理局行政执法文书

## 规范性文件转送函（二）

（×）食药复转［2006］×××号

××省人民政府：

××药店不服××市食品药品监督管理局作出的（×）食药行罚［2006］×××号行政处罚决定提出的行政复议申请，我局依法已予受理。

我局认为，被申请人作出具体行政行为的依据××市人民政府××号文件的有关规定与《中华人民共和国药品管理法》相冲突，根据《中华人民共和国行政复议法》第二十七条和其他有关规定，现将有关材料转去，请予审查处理，并将审查结果回复我局。

××省食品药品监督管理局（公章）

二〇〇六年七月十六日

# 第二节　行政诉讼文书

行政诉讼文书一般法律文书中都有详细介绍，本节只介绍常用的三种：行政诉讼答辩书、行政诉讼上诉书、行政诉讼再审申请书。这三种文书都属于制作式文书，这些文书应当论点鲜明、论据充分，叙事条理清晰、证据确凿，援引法律正确。

## 一、行政诉讼答辩书

### （一）行政诉讼答辩书的概念

行政诉讼答辩书，是指行政案件中的被告或被上诉人，针对原告的起诉书或上诉人的上诉书，作出回答和进行辩驳的诉讼文书。

行政诉讼的被告是行政主体，而被上诉人可以是行政主体，也可以是行政相对人。作为被告或被上诉人的行政机关，在进行制作答辩书时，重点应当针对对方的异议，围绕自己作出的具体行政行为是否合法的问题，就起诉书或上诉书中双方争议的焦点，摆事实，讲道理，证明其具体行政行为的合法性。

人民法院在立案受理行政诉讼之日起，或原审人民法院收到上诉书之日起，在法定期限（5日）内，将起诉书或上诉书副本送达被告或被上诉人。被告或被上诉人在收到起诉书或上诉书副本之日起，在法定期限（10日）内，提出答辩书，并提交作出具体行政行为的有关材料。

## （二）文书结构及制作要求

行政诉讼答辩书由首部、正文、尾部、附项构成。

1．首部　包括标题、当事人情况。写明答辩人名称、地址、法定代表人或主要负责人的姓名、职务、联系电话；若有委托代理人的，写明委托代理人姓名、职务、电话。

2．正文　包括案由、答辩的论点和论据（案件事实、证据、法律依据等）、结论。案由，写明对原告因何项具体行政行为提起的诉讼进行答辩。答辩的论点和论据是答辩书的主体部分，主要包括以下内容：

（1）针对案情事实部分进行答辩　对原告在起诉书中所叙述的案件事实与实际情况不符合的地方，应当明确提出，列举证据，予以纠正；如果起诉书所说部分事实存在，也应当明确表示，起诉书中所述该部分事实与实际没有出入。

（2）针对具体行政行为的合法性进行答辩　按照案情的不同情况，分别采取以下几种答辩方法：

①认为自己作出的具体行政行为完全正确的，则明确指出原告起诉无理。针对原告起诉的论点，提出确实充分的证据证明案情事实，摘引相关法律、法规及其相应的条款进行辩驳，说明自己作出的具体行政行为所适用的实体法和程序法都是合法的、适当的。

被告如果是复议机关，还须阐明改变原具体行政行为的理由、依据，以及改变原具体行政行为对原告是否有利。

②认为自己作出的具体行政行为有欠缺的，先就具体行政行为的正确部分，根据事实证据以及相关法律法规进行答辩，然后再实事求是地说明具体行政行为也存在某些不妥之处，并提出改

正意见。

③已经发现或者认识到自己作出的具体行政行为确属不当的，在答辩书中不再进行答辩，可以直接承认原告起诉的理由和请求正确，表示愿意重新作出具体行政行为。

（3）针对法定程序方面进行答辩

①如果起诉书指责被告作出具体行政行为不符合法定程序，然而这种指责是没有根据的，应当依法据理予以驳斥。

②如果原告起诉违背《中华人民共和国行政复议法》第十六条和其他法律法规规定的行政复议先行程序，而人民法院又未发觉时，应当明确予以提出，在法定行政复议期限内不得向人民法院提起行政诉讼。

结论，是答辩人充分阐述了自己的论点、论据后，提出的答辩主张。即要求对具体行政行为判决维持或部分撤销。如果行政机关认为自己的具体行政行为确属不当，可直接表示愿意重新作出具体行政行为。

3．尾部　包括致送机关、答辩人签名或盖单位公章，并注明答辩日期。

4．附项　包括本答辩书副本份数、证据清单、相关法律法规复印件份数。

（三）例文

## 行政诉讼答辩书

答辩人：××省××市食品药品监督管理局

地址：××市××路××号　　电话：××××××××

法定代表人：林××　　职务：局长

委托代理人：蔡××　性别：女　年龄：50　职务：律师

工作单位：××市××律师事务所　电话：××××××××

因程××对我局（×）食药行罚［2006］×××号行政处罚提起诉讼一案，兹答辩如下：

1．本局案件定性准确，认定事实清楚，证据确凿

当事人程××开办的××社区卫生服务站是在未取得《药品经营许可证》和《医疗机构执业许可证》的情况下营业的，并且其在卫生服务站内擅自设立药品销售柜台，并有经营销售药品的行为。以上事实有当事人程××笔录三份、××社区卫生服务站购药清单、××社区卫生服务站销售药品发票及收款收据、现场检查笔录、照片等证据证明，因此，本局认定事实清楚，证据确凿，依据《中华人民共和国药品管理法》第十四条第一款规定，认定程××无证经营药品，本案定性是准确的。

2．本局对程××无证经营药品一案有管辖权

当事人程××认为药品监督管理部门处罚医疗卫生机构药品违规行为是越权执法的认识是错误的。《中华人民共和国药品管理法》第六十四条规定："药品监督管理部门有权按照法律、行政法规的规定对报经其审批的药品研制和药品的生产、经营以及医疗机构使用药品的事项进行监督检查，有关单位和个人不得拒绝和隐瞒"。由此可见，药品监督管理部门对程××开办的社区卫生服务站药品违规行为进行检查和处罚是履行国家赋予的职责，并无越权。

3．本局处罚主体正确

当事人程××认为本局处罚主体错误，不能处罚个人而应当是单位，这种观点也是错误的，因为《医疗机构执业许可证》是医疗机构从事诊疗活动的合法资格证件，也是药品监督管理部门判定其是否具备法人资格的惟一依据，当事人程××开办的"××社区卫生服务站"在案发时，未取得《医疗机构执业许可证》，属于无证开业，因此该服务站不具备法人单位资格，应按照负责人个人无证经营药品查处。程××是卫生服务站的负责人，又是违法当事人，所以本局对程××个人进行处罚，符合法律规定，处罚主体正确。

4．本局处罚适当，适用法律正确

程××无证经营药品的行为，违反了《中华人民共和国药品管理法》第十四条第一款之规定，本局依据《中华人民共和国药品管理法》第七十三条对程××处以没收其违法经营的药品及其违法所得、并处其违法销售

药品货值金额21052.3元的三倍罚款，即63156.9元，符合法律规定，处罚适当。

5. 本局处罚程序合法。

本局严格按照《中华人民共和国行政处罚法》、《药品监督行政处罚程序规定》办理程××无证经营药品一案，依据规定进行立案、调查取证，在作出处罚之前告知申请人有申请听证的权利，接受申请人的申请组织了听证会，认真听取了申请人的意见，并对其主张再次进行调查核实，经合议后作出了行政处罚决定，并在规定的程序、时限内送达相关药品监督行政执法文书，全部程序均符合法律法规的规定。

此致

××市××区人民法院

答辩人：××省××市食品药品监督管理局（公章）

二〇〇六年五月二十五日

附：1. 本答辩书副本1份；

2. 证据10份（详见证据目录）。

## 二、行政诉讼上诉书

### （一）行政诉讼上诉书的概念

行政诉讼上诉书，是指行政诉讼当事人不服第一审人民法院作出的未生效的判决、裁定，依法向第一审人民法院的上一级人民法院申请对案件重新审理时提交的法律文书。

行政机关作为上诉人时，应当注意上诉的方式和期限必须符合法律规定。上诉应当采用书面方式。上诉期限，根据《中华人民共和国行政诉讼法》的规定，当事人不服人民法院第一审判决的，有权在判决书送达之日起15日内向上一级人民法院提起上诉。当事人不服人民法院第一审裁定的，有权在裁定书送达之日起10日内向上一级人民法院提起上诉。逾期不提起上诉的，人民法院的第一审判决或者裁定发生法律效力。

（二）文书结构及制作要求

行政诉讼上诉书由首部、正文、尾部、附项构成。

1．首部　包括标题、上诉人和被上诉人的基本情况。写明上诉人和被上诉人的姓名、性别、年龄、民族、籍贯、工作单位和职务、住址；如果是法人或其他组织，应写明名称、法定代表人、地址、联系地址和邮政编码。若有委托代理人的，写明委托代理人的姓名、职务、电话等。另在“上诉人”和“被上诉人”之后，用括号注明其在原审的地位，例如上诉人（原审被告）。

2．正文　包括上诉对象、上诉请求、上诉理由。上诉对象，写明上诉事由。上诉请求，写明通过第二审人民法院审理所要达到的目的和要求。如要求撤销或变更第一审判决、裁定等。上诉理由，写明上诉请求所依据的事实根据和法律依据。应当层次分明，叙述得当。首先，可以简明扼要地叙述案情及原审法院的处理经过、处理结果。其次，针对原审裁判不当之处进行反驳，着重抓住原审造成错误裁判的原因，列举证据，援引法律、法规，予以充分反驳。

3．尾部　包括致送机关、上诉人签名或并盖单位公章，并注明上诉日期。

4．附项　写明本上诉书副本份数。

（三）例文

## 行政诉讼上诉书

上诉人（原审被告）：××省××市食品药品监督管理局

地址：××市××路××号　　电话：××××××××

法定代表人：赵××　职务：局长　电话：××××××××

委托代理人：杨××　性别：女　年龄：38　职务：律师

工作单位：××市××律师事务所　电话：×××××××××

被上诉人（原审原告）：

刘××　性别：男　年龄：32岁　汉族　住址：××市××街××号电话：×××××××××

胡××　性别：男　年龄：54岁　汉族　住址：××市××路××号电话：×××××××××

上诉人因刘××、胡××诉××市药品监督管理局行政处罚一案，不服××市××区人民法院2006年3月27日（××）字第112号判决，现提出上诉。

上诉请求：撤销××市××区人民法院2006年3月27日（××）字第112号判决。

上诉理由：

1. 原审法院的判决认为："刘××、胡××受××民间草药研究所的委托，在××市集市上配制、销售药酒，因此刘××、胡××的行为属于职务行为，个人不承担责任，应由××草药研究所承担责任。"上诉人认为，这种认定是错误的。

行政处罚的违法主体，是违反行政法律规范的公民、法人或其他组织，刘××、胡××在未取得《药品生产许可证》的情况下，擅自在××市集市上为群众配制、销售药酒，其行为已经违反了《中华人民共和国药品管理法》第七条、第四十条的规定，应当按照《中华人民共和国药品管理法》第七十三条的规定予以处罚。当然××草药研究所委托他人从事这一违法行为，同样违反了《中华人民共和国药品管理法》规定，对其应当一并处罚。因此，刘××、胡××及××草药研究所均是违法主体，属于行政处罚的对象。

2. 原审法院的判决认为："刘××、胡××配制、销售药酒属于传统习俗，不应予以处罚"。上诉人认为，这种观点也是错误的。

"配制"一般专指医疗机构配制制剂，刘××、胡××配制药酒实质上是一种生产行为。刘××、胡××在××市集市上为群众配制、销售药酒的行为，不同于群众配制药酒自用的行为。个体配制药酒自用，不具备社会危害性。但是将配制的药酒出售则是一种经营行为，可能导致人体药物中毒的发生，危及一定群众的人身安全，具有社会危害性。因此刘××、胡××行为已经违反了《中华人民共和国药品管理法》第七条、第四十条的规定，即无《药品生产许可证》不得生产药品、无《药品经营许可证》不得经营药品，因此刘××、胡××必须承担相应的法律责任。

此致

××市中级人民法院

上诉人：××省××市食品药品监督管理局（公章）

二〇〇六年四月九日

附：本上诉书副本1份。

## 三、行政诉讼再审申请书

### （一）行政诉讼再审申请书的概念

行政诉讼再审申请书，是指当事人认为已经发生法律效力的判决、裁定确有错误，向原审法院或者上级法院申请再审时所提交的法律文书。当事人认为对已经发生法律效力的判决、裁定有错误，应当在判决、裁定发生法律效力后2年内，向原审法院或者上级法院提出。行政机关作为申诉人，应当注意申诉不影响已经发生法律效力的判决、裁定执行。

### （二）文书结构及制作要求

行政诉讼再审申请书由首部、正文、尾部、附项构成。

1. 首部　包括标题、申请人的基本情况。申请人的基本情况中，在申请人名称之后，用括号注明申请人在原审中的诉讼地位。原审是第一审程序的，注明是原告或者被告；原审是第二审程序的，注明是上诉人或者被上诉人。

2. 正文　包括案由、请求、申请理由。案由，写明申诉人因何案，不服哪个法院的第几号判决（或裁定）而提出申诉。申诉请求，写明提起审判监督程序后，经过人民法院对案件的再次审理，申诉人对所申诉的问题要求怎样解决，一般是要求人民法院变更或者撤销原判决、裁定。申诉理由，申诉人对人民法院的判决或者裁定不服，通常从以下几个方面阐述理由，即认为已经发生法律效力的判决、裁定确有以下错误：一是认定事实上有错误，主要证据不足；二是适用法律有错误；三是违反了法定的诉讼程序，可能影响案件正确判决、裁定。

3. 尾部　包括致送机关、申诉人签名和盖章并注明制作时间。

4. 附项　写明本文书的附件目录和数量。

（三）例文

## 行政诉讼再审申请书

申请人（原审上诉人）：××省××市食品药品监督管理局

地址：××市××路××号　电话：×××××××××

法定代表人：钱××　　职务：局长

委托代理人：孙××　　性别：女　　年龄：30岁　　职务：律师

工作单位：××市××律师事务所　　电话：×××××××××

申诉人因××土特产经营部诉××市食品药品监督管理局行政处罚一案，不服××省××市中级人民法院2006年5月17日（×）字第213号行政判决书，现提出申诉，申请再审。

请求事项：撤销××省××市中级人民法院2006年5月17日（×）字第213号行政判决书。

事实与理由：

原审人民法院（×）字第213号行政判决书在认定事实上正确，但在适用法律上有错误。原审法院的判决认为："根据《中华人民共和国行政处罚法》中的'一事不再罚'原则，对××土特产经营部的三种违法行为（无证经营药品、经营假药、经营劣药）适用'合并兼吸收'原则进行处罚，对无证经营药品行为与销售假药行为合并处罚，同时对销售劣药行为进行吸收，对无证经营药品行为与销售假药行为的罚款部分也进行吸收，择一重罚，对罚款以外的其他处罚进行合并处罚。"申诉人认为这种做法是错误的。

申诉人认为应当适用“合并兼部分吸收”原则进行处罚。理由如下：

1．××土特产经营部的3个不同违法行为不适用“一事不再罚”原则。《中华人民共和国行政处罚法》规定的“一事不再罚”原则是指，对当事人的同一违法行为不得给予两次以上罚款的行政处罚。而××土特产经营部违反了《中华人民共和国药品管理法》第十四条、第四十八条、第四十九条规定，是连续实施具有牵连关系的三种违法行为，分别违反三种不同的法律规范，因此不能简单地采取吸收原则，择一重罚。

2．对触犯不同客体的违法行为应采取不同的处理方式。从违法行为触犯的客体来看，无证经营药品与经营假药、劣药触犯的客体是不同的，前者触犯的是药品市场管理秩序，后两者触犯的是药品管理制度和人们的身体健康，对触犯不同客体的违法行为应采取不同的处理方式，对触犯同种客体的违法行为应参照刑法理论中的“吸收犯”处理原则规定处理，即以重行为吸收轻行为的原则进行处理，对触犯不同客体的违法行为应参照刑法理论中的“牵连犯”处理原则规定处理，即择一重罚为主、合并处罚为辅的原则分别进行处罚，不能简单合并。

由此可见，对××土特产经营部的3个不同违法行为，应当适用“合并兼部分吸收”原则进行处罚，即销售假药的行为吸收销售劣药的行为，对无证经营药品的行为与销售假药的行为，分别适用《中华人民共和国药品管理法》第七十三条、第七十四条规定进行处罚，罚款部分参照《中华人民共和国刑法》中“数罪并罚”的原则决定罚款数额。

此致

××省高级人民法院

申请人：××省××市食品药品监督管理局（公章）

二〇〇六年六月八日

附：原审判决书1份

**图书在版编目（CIP）数据**

食品药品监督管理行政执法文书写作指南/余万里主编.
—北京：中国医药科技出版社，2007.4

ISBN 978－7－5067－3535－3

Ⅰ.食…　Ⅱ.余…　Ⅲ.①食品—质量管理—行政执法—法律文写—写作—中国②药品管理—行政执法—法律文书—写作—中国　Ⅳ.D926.13

中国版本图书馆CIP数据核字（2007）第042570号

**美术编辑**　陈君杞
**责任校对**　张学军
**版式设计**　程　明

出版　中国医药科技出版社
地址　北京市海淀区文慧园北路甲22号
邮编　100082
电话　发行：010－62227427　邮购：010－62236938
网址　www.cmstp.com
规格　850×1168mm $^{1}/_{32}$
印张　9 $^{1}/_{4}$
字数　236千字
版次　2007年7月第1版
印次　2012年7月第3次印刷
印刷　廊坊市华北石油华星印务有限公司
经销　全国各地新华书店
书号　ISBN 978－7－5067－3535－3
**定价　24.00元**

本社图书如存在印装质量问题请与本社联系调换